Behandelprotocol zingevingsgerichte groepstherapie
voor mensen met kanker

Nederlandse vertaling en bewerking:
dr. Nadia van der Spek
drs. Vincent Willemsen
drs. Kitty Knipscheer-Kuipers
prof. dr. Irma Verdonck-de Leeuw

Oorspronkelijke auteurs:
William S. Breitbart, MD en
Shannon R. Poppito, PhD

Behandelprotocol zingevingsgerichte groepstherapie voor mensen met kanker

Handleiding voor therapeuten

Met medewerking van:
dr. Joël Vos

Houten 2017

ISBN 978-90-368-1822-3   ISBN 978-90-368-1823-0 (eBook)
DOI 10.1007/978-90-368-1823-0

© Bohn Stafleu van Loghum, onderdeel van Springer Media B.V. 2017
Alle rechten voorbehouden. Niets uit deze uitgave mag worden verveelvoudigd, opgeslagen in een geautomatiseerd gegevensbestand, of openbaar gemaakt, in enige vorm of op enige wijze, hetzij elektronisch, mechanisch, door fotokopieën of opnamen, hetzij op enige andere manier, zonder voorafgaande schriftelijke toestemming van de uitgever.

Voor zover het maken van kopieën uit deze uitgave is toegestaan op grond van artikel 16b Auteurswet j° het Besluit van 20 juni 1974, Stb. 351, zoals gewijzigd bij het Besluit van 23 augustus 1985, Stb. 471 en artikel 17 Auteurswet, dient men de daarvoor wettelijk verschuldigde vergoedingen te voldoen aan de Stichting Reprorecht (Postbus 3060, 2130 KB Hoofddorp). Voor het overnemen van (een) gedeelte(n) uit deze uitgave in bloemlezingen, readers en andere compilatiewerken (artikel 16 Auteurswet) dient men zich tot de uitgever te wenden.

Samensteller(s) en uitgever zijn zich volledig bewust van hun taak een betrouwbare uitgave te verzorgen. Niettemin kunnen zij geen aansprakelijkheid aanvaarden voor drukfouten en andere onjuistheden die eventueel in deze uitgave voorkomen.

Meaning-Centered Group Psychotherapy for Patients with Advanced Cancer, A Treatment Manual was originally published in English in 2014. This adapted translation is published by arrangement with Oxford University Press. Bohn Stafleu van Loghum, onderdeel van Springer Media BV is solely responsible for this adapted translation from the original work and Oxford University Press shall have no liability for any errors, omissions or inaccuracies or ambiguities in such translation or for any losses caused by reliance thereon.

Meaning-Centered Group Psychotherapy for Patients with Advanced Cancer, A Treatment Manual werd oorspronkelijk in het Engels gepubliceerd in 2014. Deze Nederlandse vertaling en bewerking is met toestemming van Oxford University Press gepubliceerd. Bohn Stafleu van Loghum, onderdeel van Springer Media BV is volledig verantwoordelijk voor deze vertaling en bewerking. Oxford University Press is niet verantwoordelijk voor fouten, omissies, onjuistheden of onduidelijkheden in de vertaling of voor enige schade voortvloeiend uit het gebruik hiervan.

Dit behandelprotocol bestaat uit deze handleiding voor therapeuten en een werkboek voor cliënten:
Kanker en persoonlijke zingeving ISBN 978 90 368 1820 9.

NUR 777
Basisontwerp omslag: Studio Bassa, Culemborg
Automatische opmaak: Scientific Publishing Services (P) Ltd., Chennai, India

Bohn Stafleu van Loghum
Walmolen 1
Postbus 246
3990 GA Houten

www.bsl.nl

Voorwoord

Er is veel aandacht voor onderzoek naar de oorzaken van kanker en het ontwikkelen van effectieve behandelingen. Dat is terecht. Kanker is een levensbedreigende en ingrijpende ziekte die veel voorkomt. Hoe sneller en beter artsen in staat zijn om de ziekte te genezen of onder controle te krijgen, hoe beter. Genezing biedt perspectief op een vervolg van het leven.

Maar omdat kanker een levensbedreigende ziekte is en de behandeling intensief en ingrijpend, houdt het herstellen van de ziekte vaak meer in dan genezing. Kanker is een confrontatie met de eindigheid van het leven. Kanker zet het leven op scherp. Kanker confronteert ons, bewust of onbewust, met de 'wat-als'-vraag. Wat als ik nu binnen afzienbare tijd doodga? Deze vraag zet aan tot reflectie over ons leven. Kanker doet ons bijvoorbeeld beseffen wie en wat ons lief is. Wat is wezenlijk? Wat zijn mijn waarden? Met wie ervaar ik een sterke verbondenheid en met wie minder? Kortom, een ziekte als kanker kan veel zingevingsvragen oproepen. Pas na afloop van een behandeling ontstaat ruimte voor deze vragen. Sommige mensen vinden de antwoorden zelf, maar veel mensen kunnen daarbij hulp gebruiken. Om mensen te ondersteunen bij het vinden van antwoorden op zingevingsvragen is de groepstherapie ontwikkeld die in dit boek wordt beschreven.

Hoewel kanker veel voorkomt en zingeving een belangrijk onderdeel van persoonlijk herstel is, zijn er nog weinig interventies die zich specifiek op zingeving richten. De interventie 'Behandelprotocol zingevingsgerichte groepstherapie voor mensen met kanker' is daarom een zeer welkome aanvulling in het landschap van psychologische behandelingen in Nederland voor mensen die kanker hebben overleefd. De interventie is gebaseerd op het gedachtegoed van Viktor E. Frankl, de auteur van het indrukwekkende en overrompelende boek *Man's Search for Meaning*. Kernthema in zijn werk is het idee dat ieder mens uiteindelijk zelf kan en moet bepalen hoe hij met levenssituaties omgaat. Wat ons overkomt, hebben we grotendeels niet in de hand, maar we hebben wel veel vrijheid in het antwoord dat we op die levenssituaties geven. Het vinden van het 'juiste' antwoord kan mensen sterk inspireren in hoe ze hun leven willen vormgeven en hoe ze het leven intensiever en met meer waardering gaan leven. Maar dat is geen makkelijke opgave. Daarom ben ik ervan overtuigd dat veel mensen baat zullen hebben bij zingevingsgerichte groepstherapie.

Het 'Behandelprotocol zingevingsgerichte groepstherapie voor mensen met kanker' is een interventie naar mijn hart. De deelnemers staan stil bij hun levensloop en wat daarin belangrijk is en kracht geeft. Ook is er alle tijd om stil te staan bij vragen over zingeving. De eigen ervaringen, twijfels en hoop een stem geven, staat centraal. Het luisteren naar de ervaringen van andere mensen is zeer helpend. Wetenschappelijk onderzoek in binnen- en buitenland heeft aangetoond dat dit programma mensen helpt bij het persoonlijke herstel na kanker.

Ik hoop daarom van harte dat veel hulpverleners dit mooie programma omarmen.

Prof. dr. E.T. Bohlmeijer
Hoogleraar geestelijke gezondheidsbevordering aan de Universiteit Twente en auteur van onder andere *Voluit Leven* en *Dit is jouw leven*.

Het onderzoek en de implementatie van *Meaning-Centered Group Psychotherapy for Cancer Survivors* (MCGP-CS) is uitgevoerd door de onderzoeksgroep 'Samen leven met kanker' van de Vrije Universiteit en VUmc in samenwerking met het Ingeborg Douwes Centrum.

Ingeborg Douwes Centrum
Vrije Universiteit Amsterdam, Faculteit der Psychologie en Pedagogiek
Contact: ingeborgdouwescentrum@olvg.nl

Inhoud

1	**Handleiding**	1
1.1	Inleiding	3
1.2	Gebruik van deze handleiding	3
1.2.1	Voor wie is deze groepstherapie bedoeld?	3
1.2.2	Wie kan deze groepstherapie geven?	3
1.2.3	Opbouw van de therapie	4
1.3	Grondslag voor het protocol	4
1.3.1	Effectiviteit van MCGP	5
1.3.2	Doorontwikkeling van MCGP	5
1.3.3	MCGP bij doelgroepen met niet-kankergerelateerde aandoeningen	6
1.4	Aanpassing van MCGP voor overlevers van kanker in Nederland	6
1.4.1	Wetenschappelijke onderbouwing	6
1.4.2	Kosteneffectiviteit	7
1.4.3	Conclusie	8
1.4.4	Vervolgonderzoek	8
1.5	Doel van het 'Behandelprotocol zingevingsgerichte groepstherapie voor mensen met kanker'	8
1.6	Handvatten voor de therapeut	9
1.6.1	Bronnen van zingeving	9
1.6.2	Cognitief herkaderen	10
1.6.3	Streven naar concrete voorbeelden en gebruik van oefeningen	10
1.7	Zingevingsgerichte groepstherapie bij mensen met kanker in de palliatieve fase	11
2	**Groepstherapieprotocol**	13
2.1	Bijeenkomst 1. Kennismaken met elkaar en de therapie	16
2.1.1	Inleiding	16
2.1.2	Kennismaking met elkaar (15 min, afhankelijk van groepsgrootte)	16
2.1.3	Korte uitleg over de therapie (10 min)	17
2.1.4	Oefening 1. Zingeving definiëren (15 min)	17
2.1.5	Uitleg over zingeving en de bronnen van zingeving (20 min)	18
2.1.6	Oefening 2. Ervaringen met zingeving (35 min)	20
2.1.7	Uitleg kanker en zingeving (10 min)	20
2.1.8	Afsluitende oefening (10 min)	20
2.1.9	Afsluiting (5 min)	21
2.2	Bijeenkomst 2. Zingeving voor en na kanker	21
2.2.1	Inleiding	21
2.2.2	Rondvraag en huiswerk bespreken (10 min)	22
2.2.3	Persoonlijke verhalen over kanker (90 min)	22
2.2.4	Afsluitende oefening (10 min)	22
2.2.5	Afsluiting (5 min)	22
2.2.6	Korte loslaatmeditatie (5 min)	23

2.3	**Bijeenkomst 3. Het levensverhaal als bron van zingeving (deel 1):**	
	Wat u heeft gemaakt, tot wie u nu bent	23
2.3.1	Inleiding	23
2.3.2	Rondvraag en huiswerk bespreken (10 min)	24
2.3.3	Uitleg: Levensverhaal en zingeving (I) (15 min)	24
2.3.4	Oefening 1. Wie ben ik? (20 min)	25
2.3.5	Nabespreking oefening 1 (60 min)	25
2.3.6	Afsluitende oefening (10 min)	26
2.3.7	Afsluiting (5 min)	26
2.4	**Bijeenkomst 4. Het levensverhaal als bron van zingeving (deel 2):**	
	Wat was uw eigen invloed?	26
2.4.1	Inleiding	26
2.4.2	Rondvraag (10 min)	27
2.4.3	Uitleg: Levensverhaal en zingeving (II) (10 min)	27
2.4.4	Huiswerk bespreken (85 min)	28
2.4.5	Afsluitende oefening (10 min)	28
2.4.6	Afsluiting (5 min)	28
2.5	**Bijeenkomst 5. Omgaan met tegenslag als bron van zingeving**	29
2.5.1	Inleiding	29
2.5.2	Rondvraag en huiswerk bespreken (10 min)	29
2.5.3	Uitleg: Omgaan met tegenslag als bron van zingeving (10 min)	29
2.5.4	Oefening 1. Ervaren van grenzen (10 min)	31
2.5.5	Nabespreken oefening (20 min)	31
2.5.6	Discussie over de grootste beperkingen (20 min)	31
2.5.7	Oefening 2. Naar de toekomst kijken (15 min)	31
2.5.8	Oefening 2 nabespreken (20 min)	32
2.5.9	Afsluitende oefening (10 min)	32
2.5.10	Afsluiting (5 min)	32
2.6	**Bijeenkomst 6. Creëren, moed en verantwoordelijkheid als bron van zingeving**	33
2.6.1	Rondvraag en huiswerk bespreken (15 min)	34
2.6.2	Uitleg: Creëren, moed en verantwoordelijkheid (10 min)	34
2.6.3	Oefening 1. Moed (20 min)	34
2.6.4	Nabespreken oefening (60 min)	35
2.6.5	Afsluitende oefening (10 min)	35
2.6.6	Afsluiting (5 min)	35
2.7	**Bijeenkomst 7. Ervaringen als bron van zingeving**	36
2.7.1	Rondvraag (10 min)	36
2.7.2	Uitleg: Ervaring en zingeving (5 min)	36
2.7.3	Huiswerk bespreken: verbondenheid door liefde, schoonheid en humor (30 min)	36
2.7.4	Uitleg zinervaring (5 min)	37
2.7.5	Oefening 1. Zinervaring (10 min)	37
2.7.6	Nabespreken oefening 1 (45 min)	37
2.7.7	Afsluitende oefening (10 min)	37
2.7.8	Afsluiting (5 min)	38

2.8	**Bijeenkomst 8. Presentaties van levenslessen en afscheid**	38
2.8.1	Rondvraag (5 min)	39
2.8.2	Uitleg (5 min)	39
2.8.3	Presentaties van levenslessen (90 min)	39
2.8.4	Evaluatie en Afsluiting (20 min)	39
	Bijlagen	41
	Literatuur	42

Over de auteurs

Dr. Nadia van der Spek is gezondheidszorgpsycholoog bij het Ingeborg Douwes Centrum te Amsterdam, een centrum voor psychologische begeleiding voor mensen met kanker en hun naasten. Sinds 2011 is zij werkzaam als onderzoeker en behandelaar op het gebied van de psycho-oncologie. Daarnaast houdt zij zich bezig met implementatie van innovatieve behandelingen. Samen met prof. dr. Irma Verdonck-de Leeuw introduceerde zij *Meaning-Centered Group Psychotherapy* in Nederland en promoveerde in 2016 op *Meaning-Centered Group Psychotherapy for Cancer Survivors: development, efficacy and cost-utility*. Daarmee legde zij de basis voor dit 'Behandelprotocol zingevingsgerichte groepstherapie voor mensen met kanker'. Eerder hield zij zich als psycholoog bezig met het ontwikkelen en implementeren van interventies op het gebied van seksuele gezondheid en verslavingspreventie.

Drs. Vincent Willemsen is sinds 2002 als gezondheidszorgpsycholoog werkzaam bij het Ingeborg Douwes Centrum te Amsterdam, een centrum voor psychologische begeleiding voor mensen met kanker en hun naasten. Hij heeft in zijn loopbaan grote deskundigheid ontwikkeld op het gebied van zingevingpsychotherapie in individuele therapie. Daarnaast was hij, samen met Kitty Knipscheer-Kuipers betrokken bij de ontwikkeling en implementatie van het 'Behandelprotocol zingevingsgerichte groepstherapie voor mensen met kanker', waarvan dit de handleiding is, in het kader van het promotieonderzoek van Nadia van der Spek. Naast begeleider van groepen die deze therapie volgen, traint hij andere psychologen die zich in deze therapie willen bekwamen. Daarnaast is hij docent en supervisor op het gebied van psycho-oncologische zorg.

Drs. Kitty Knipscheer-Kuipers is sinds 25 jaar werkzaam als gezondheidszorgpsycholoog op het gebied van de oncologie. Zij was medeoprichter van het Ingeborg Douwes Centrum, waar zij tien jaar lang leiding gaf, en tevens hoofd Therapie en supervisor was. Samen met Vincent Willemsen was zij betrokken bij de ontwikkeling in implementatie van het 'Behandelprotocol zingevingsgerichte groepstherapie voor mensen met kanker', waarvan dit de handleiding is, in het kader van het promotieonderzoek van Nadia van der Spek. Naast begeleider van groepen die deze therapie volgen, is zij trainer van andere psychologen die zich in deze groepstherapie willen bekwamen. Zij was eerder werkzaam in het Radboudumc, in het Taborhuis – een centrum voor begeleiding van mensen met kanker en hun naasten –, beide te Nijmegen, en het Sint Lucas Andreas Ziekenhuis te Amsterdam.

Prof. dr. Irma Verdonck-de Leeuw is psycholoog, logopedist en taalkundige en als hoogleraar Psychosociale oncologie verbonden aan de Vrije Universiteit en het Vrije Universiteit medisch centrum, beide te Amsterdam. Zij leidt de onderzoeksgroep 'Samen leven met kanker'. Een belangrijke doelstelling is om onderzoeksresultaten rechtstreeks te vertalen naar de praktijk, teneinde de zorg voor patiënten met kanker en hun dierbaren te verbeteren. Irma Verdonck werd in 2007 zelf gediagnosticeerd met borstkanker en werd behandeld middels chirurgie, radio-, chemo- en hormoontherapie. Naast hoogleraar is zij lid van de Raad van Advies van Stichting Hoofd-hals (patiënten met hoofd-halskanker), Stichting *Les Vaux* en Stichting *Look Good Feel Better*. Ze is programmaleider van het onderzoeksprogramma *Treatment and Quality of Life* van het onderzoeksinstituut *Cancer Center Amsterdam* van het Vrije Universiteit medisch centrum en het Academisch Medisch Centrum, beide te Amsterdam.

Handleiding

Samenvatting

Dit hoofdstuk geeft informatie over de achtergrond, inhoud, toepassing en doelgroep van 'Zingevingsgerichte groepstherapie voor mensen met kanker', een groepstherapie die is bedoeld voor mensen die curatief zijn behandeld voor kanker. De therapie kan gegeven worden door gezondheidszorg-psychologen, psychiaters, klinisch psychologen en psychotherapeuten. Het hoofddoel van deze therapie is het gevoel van zin- of betekenisgeving bij de deelnemers te vergroten, zodat zij beter met het leven kunnen omgaan na een curatieve kankerbehandeling. Het protocol is gebaseerd op *Meaning-Centered Group Psychotherapy* (MCGP), een in Amerika ontwikkeld protocol dat is gericht op persoonlijke zingeving bij mensen met kanker in de palliatieve fase. Zowel het Amerikaanse als het Nederlandse behandelprotocol is bewezen effectief.

1.1 Inleiding – 3

1.2 Gebruik van deze handleiding – 3
1.2.1 Voor wie is deze groepstherapie bedoeld? – 3
1.2.2 Wie kan deze groepstherapie geven? – 3
1.2.3 Opbouw van de therapie – 4

1.3 Grondslag voor het protocol – 4
1.3.1 Effectiviteit van MCGP – 5
1.3.2 Doorontwikkeling van MCGP – 5
1.3.3 MCGP bij doelgroepen met niet-kankergerelateerde aandoeningen – 6

1.4 Aanpassing van MCGP voor overlevers van kanker in Nederland – 6
1.4.1 Wetenschappelijke onderbouwing – 6
1.4.2 Kosteneffectiviteit – 7
1.4.3 Conclusie – 8
1.4.4 Vervolgonderzoek – 8

© Bohn Stafleu van Loghum, onderdeel van Springer Media B.V. 2017
N. van der Spek et al., *Behandelprotocol zingevingsgerichte groepstherapie voor mensen met kanker*,
DOI 10.1007/978-90-368-1823-0_1

1.5	Doel van het 'Behandelprotocol zingevingsgerichte groepstherapie voor mensen met kanker' – 8	
1.6	Handvatten voor de therapeut – 9	
1.6.1	Bronnen van zingeving – 9	
1.6.2	Cognitief herkaderen – 10	
1.6.3	Streven naar concrete voorbeelden en gebruik van oefeningen – 10	
1.7	Zingevingsgerichte groepstherapie bij mensen met kanker in de palliatieve fase – 11	

1.1 Inleiding

Dit hoofdstuk geeft informatie over de achtergrond, inhoud, toepassing en doelgroep van 'Zingevingsgerichte groepstherapie voor mensen met kanker', een groepstherapie die is bedoeld voor mensen die curatief zijn behandeld voor kanker. De therapie kan gegeven worden door gezondheidszorg (GZ) psychologen, psychiaters, klinisch psychologen en psychotherapeuten. Het hoofddoel van deze therapie is het gevoel van zin- of betekenisgeving bij de deelnemers te vergroten, zodat zij beter met het leven kunnen omgaan na een curatieve kankerbehandeling. De behandeling bestaat uit acht wekelijkse groepsbijeenkomsten. Vanaf bijeenkomst 2 staat een van de volgende bronnen van zingeving centraal: 'levensverhaal', 'omgaan met tegenslag als bron van zingeving', 'creëren, moed en verantwoordelijkheid' en 'ervaringen'. Het protocol is gebaseerd op *Meaning-Centered Group Psychotherapy* (MCGP), een in Amerika ontwikkeld protocol dat is gericht op persoonlijke zingeving bij mensen met kanker in de palliatieve fase. Zowel het Amerikaanse als het Nederlandse behandelprotocol is bewezen effectief.

1.2 Gebruik van deze handleiding

In het eerste deel van deze handleiding vindt u praktische informatie en een korte uitleg over de theoretische achtergrond van 'Zingevingsgerichte groepstherapie voor mensen met kanker'. Het tweede deel omvat het therapieprotocol. Per bijeenkomst worden instructies voor de therapeut gegeven.

Deze handleiding dient gebruikt te worden samen met het werkboek voor de deelnemers, 'Kanker en persoonlijke zingeving'. De therapie bestaat uit acht wekelijkse bijeenkomsten van twee uur. De tijdsaanduiding per onderdeel is indicatief.

1.2.1 Voor wie is deze groepstherapie bedoeld?

De groepstherapie is bedoeld voor mensen die kanker hebben gehad en met curatieve intentie zijn behandeld (overlevers van kanker) en een hulpvraag hebben op het gebied van zingeving, angst, somberheid of aanpassing aan de gevolgen van kanker. De therapie is bewezen effectief en bedoeld voor groepen tussen de zes en tien deelnemers. Met enkele kleine aanpassingen is de therapie ook toepasbaar – bij mensen met kanker in de palliatieve fase. Mogelijk is de therapie ook toepasbaar bij mensen met zingevingsproblematiek bij andere chronische en/of levensbedreigende ziekten, hiernaar is echter (nog) geen onderzoek gedaan. Hoe dit behandelprotocol in die situaties ingezet kan worden, staat beschreven in ▶ par. 1.7.

1.2.2 Wie kan deze groepstherapie geven?

Deze groepstherapie kan gegeven worden door gezondheidszorgpsychologen, psychiaters, klinisch psychologen en psychotherapeuten. Het is aan te bevelen om bij de therapie een co-therapeut te betrekken, die ook uit andere beroepsgroepen kan komen, zoals een oncologisch verpleegkundige, maatschappelijk werkende of geestelijk verzorger.

1.2.3 Opbouw van de therapie

De eerste bijeenkomst bestaat uit een korte kennismaking. De cliënten krijgen uitleg over de therapie en de theorie erachter.

In bijeenkomst 2 wordt uitgebreid stilgestaan bij de ervaringen van de cliënten rond kanker en dan met name bij wat cliënten zelf met hun ervaringen doen of gedaan hebben. Bijeenkomst 3 en 4 gaan over het begrip 'levensgeschiedenis'. Bijeenkomst 3 richt zich met name op het levensverhaal zelf: waar de cliënt vandaan komt, (onveranderlijke) omstandigheden en belangrijke levensgebeurtenissen. Bijeenkomst 4 gaat over wat de cliënten met deze gegevenheden gedaan hebben en willen gaan doen. De persoonlijke levenservaringen komen ook aan bod in bijeenkomst 5, 6 en 7, waarbij telkens een specifieke bron van zingeving (respectievelijk 'omgaan met tegenslag', 'creëren, moed en verantwoordelijkheid' en 'ervaringen') centraal staat. In bijeenkomst 8 houden de deelnemers een presentatie voor de groep, waarin zij een samenvatting geven van hun levenslessen, hoe zij die op dit moment al gebruiken of hoe zij dit in de toekomst willen gaan doen.

Voor een dieper inzicht wordt nu eerst aandacht besteed aan de ontstaansgeschiedenis van deze groepstherapie.

1.3 Grondslag voor het protocol

Zingevingsgerichte groepstherapie voor mensen met kanker is de Nederlandstalige bewerking van *Meaning-Centered Group Psychotherapy* (MCGP) *for Patients with Advanced Cancer* (Breitbart en Poppito 2014). Deze groepstherapie werd aan het begin van deze eeuw ontwikkeld door prof. dr. William Breitbart (2002) in het *Memorial Sloan-Kettering Cancer Center (New York), dept. of Psychiatry and Behavioral Sciences*. Dit protocol was hun antwoord op de vraag hoe om te gaan met de zingevingsproblemen en gevoelens van hopeloosheid waarmee oncologiepatiënten in de palliatieve fase van hun leven kunnen worstelen, een probleem dat klinisch werd verwoord als: wanhoop, hopeloosheid en het verlangen naar een versnelde dood bij patiënten die niet lijden aan een klinische depressie [Ned. vertaling].

Breitbart et al. lieten zich inspireren door het werk van Viktor E. Frankl (1986, 1998) en Irvin Yalom (1980). Viktor E. Frankl, logotherapeut en psychiater, was hoogleraar neurologie en psychiatrie aan de Universiteit van Wenen, hoogleraar in de logotherapie aan de Universiteit van San Diego en auteur van onder andere *Man's Search for Meaning* (Ned.: *De zin van het bestaan*, Frankl 1998), *The will to meaning* (Frankl 1969) en *The doctor and the soul* (Frankl 1986). Frankl bleef, ondanks zijn aangrijpende ervaringen in concentratiekampen, optimistisch over het vermogen van de mens om zich boven het lijden te verheffen.

Logotherapie

>> He who has a why to live for can bear almost anyhow. Friedrich Nietzsche

Logotherapie is praktisch, confronterend en toekomstgericht. De kern van de therapie omvat het leren antwoorden op de vragen die het leven stelt. Uitgangspunt hierbij is dat mensen primair gedreven worden door het vinden van zingeving in het leven. Volgens onder andere Frankl kunnen problemen met het zoeken naar zingeving leiden tot psychische klachten, zoals een gevoel van leegte, depressie of frustratie.

Uitgangspunten van logotherapie zijn:
- De belangrijkste motivatie van mensen is de behoefte aan zingeving.
- Het leven is zinvol onder alle omstandigheden, zelfs in de meest afschuwelijke situaties, ook al is het soms moeilijk om dat te ervaren.

Mensen hebben de keuze om zingeving te ervaren in wat ze doen en wat ze meemaken en de vrijheid om een houding te kiezen ten opzichte van onvermijdelijk lijden.
Frankl onderscheidde de volgende bronnen van zingeving: 'attitude', 'creëren' en 'ervaring'. Breitbart voegde daar nog een bron aan toe, namelijk 'historie'.

Doel van MCGP voor oncologiepatiënten met kanker in een vergevorderd stadium was het verminderen van gevoelens van hopeloosheid, wanhoop, demoralisatie en verlangen naar een versnelde dood, door een gevoel van zingeving te behouden of te vergroten (Breitbart en Poppito 2014).

1.3.1 Effectiviteit van MCGP

MCGP voor patiënt in de palliatieve fase van kanker is bewezen effectief. Uit een gerandomiseerde pilotstudie, waarin het effect van MCGP werd vergeleken met dat van een lotgenotensteungroep (*Supportive Group Psychotherapy*, SGP), bleek dat MCGP een gunstig effect heeft op patiënten in de palliatieve fase: emotioneel en spiritueel lijden verminderden na MCGP en de effecten bleken na twee maanden nog steeds aanwezig (Breitbart et al. 2010). Vervolgens werd een randomized controlled trial (RCT) met 253 deelnemers uitgevoerd. In deze studie werd het effect van MCGP en dat van SGP één week en twee maanden na de interventie met elkaar vergeleken (Breitbart et al. 2015). Ook uit dit onderzoek bleek dat MCGP een effectieve therapie is voor patiënten in de palliatieve fase bij kanker. In de MCGP-conditie verbeterden het spiritueel welzijn en de kwaliteit van leven meer en namen depressieve klachten, hopeloosheid, versnelde doodswens en lichamelijke klachten meer af dan in de SGP-conditie.

1.3.2 Doorontwikkeling van MCGP

Op grond van al deze positieve bevindingen van MCGP bij palliatieve oncologiepatiënten hebben Breitbart en Poppito (2014) inmiddels ook *Individual Meaning-Centered Psychotherapy for patients with advanced cancer* (IMCP) ontwikkeld. Er zijn tevens toepassingen van de therapie beschikbaar voor verschillende andere doelgroepen, namelijk: borstkankerpatiënten, adolescenten met kanker, jongvolwassenen met kanker, mantelzorgers, oncologieverpleegkundigen en ouders die een kind verloren hebben door kanker.

Verder worden studies uitgevoerd en diverse culturele adaptaties onderzocht en uitgevoerd, in onder meer Spanje, Italië, Israël en China. De resultaten van deze studies zijn nog niet bekend en het is dus niet te zeggen of deze therapie voor deze doelgroepen ook daadwerkelijk effectief is. De eerste bevindingen uit pilotstudies zijn echter veelbelovend.

Voor een overzicht en beschrijving van alle MCP-toepassingen verwijzen wij naar *Meaning-Centered Psychotherapy in the Cancer Setting: Finding Meaning and Hope in the Face of Suffering* van Breitbart (2017).

1.3.3 MCGP bij doelgroepen met niet-kankergerelateerde aandoeningen

De therapie lijkt ook goed toepasbaar bij andere medische aandoeningen, zoals amyotrofe laterale sclerose (ALS), multiple sclerose (MS) en hartaandoeningen, en is mogelijk ook goed te gebruiken binnen de revalidatiezorg. Wereldwijd wordt dan ook veel interesse getoond voor MCGP vanuit andere specialismen, zowel binnen als buiten de medische psychologie.

Wetenschappelijk onderzoek naar de toepassingen van de zingevingstherapie voor andere doelgroepen is wenselijk. Het lijkt echter onmogelijk om de effectiviteit voor elke aandoening apart te onderzoeken. Wel staat vast dat MCGP op dit moment als *best practice* op het gebied van zingeving beschouwd mag worden voor een brede doelgroep.

1.4 Aanpassing van MCGP voor overlevers van kanker in Nederland

Overlevers van kanker krijgen te maken met fundamentele onzekerheden, waarmee zij moeten zien om te gaan, zoals een mogelijk recidief en het onzekere beloop van het herstel. Kanker gaat daarnaast vaak gepaard met verliezen op levensgebieden als fysieke gezondheid, werk en relaties, wat het ervaren van zingeving kan bemoeilijken (Henoch en Danielsen 2009). Er zijn sterke aanwijzingen dat het ervaren van zingeving een belangrijke factor is bij het succesvol omgaan met de gevolgen van kanker; als patiënten zingeving ervaren, passen zij zich makkelijker aan en hebben zij nog vele jaren na de diagnose een betere kwaliteit van leven en functioneren zij psychisch beter dan patiënten die hun leven na de diagnose als minder zinvol ervaren (Hoffman et al. 2009; Henoch en Danielsen 2009; Tomich en Helgeson 2002; Lee et al. 2004; Bower et al. 2005; Zika en Chamberlain 1992; Debats 1999).

In Nederland heeft waarschijnlijk ongeveer een kwart van de patiënten na curatieve behandeling van kanker behoefte aan hulp bij existentiële vragen en het ontwikkelen van zingeving (Jansen et al. 2014). Om deze reden is *MCGP for patients with advanced cancer* van Breitbart en Poppito (2014) in nauw overleg met de Amerikaanse auteurs in het Nederlands vertaald en op de Nederlandse situatie toegespitst, maar zijn ook aanpassingen doorgevoerd om het behandelprotocol af te stemmen op patiënten die met *curatieve intentie* zijn behandeld voor kanker.

Deze aanpassingen zijn gebaseerd op gesprekken met experts en focusgroepen met patiënten, en het resultaat van een pilotstudie (Spek et al. 2013, 2014a). De opzet van de bijeenkomsten is geheel behouden gebleven. Wijzigingen betreffen een aantal oefeningen, de opbouw van de therapie en de structuur. De conceptuele wijzigingen betreffen de focus, deze is meer naar de toekomst verschoven, en een aantal culturele aanpassingen. Zo ligt in het Nederlandse behandelprotocol minder nadruk op religie en zijn toon en taalgebruik meer zoals in Nederland gebruikelijk is. Ook is een werkboek aan het behandelprotocol toegevoegd. De aanpassingen staan uitgebreid beschreven in Spek et al, hoofdstuk 5 *Meaning-Centered Group Psychotherapy for Cancer Survivors* in *Meaning-Centered Psychotherapy in the Cancer Setting: Finding Meaning and Hope in the Face of Suffering* (Breitbart 2017).

1.4.1 Wetenschappelijke onderbouwing

Na de protocolaanpassingen is een pilotstudie uitgevoerd om na te gaan of de interventie in gewijzigde vorm uitvoerbaar was en voldoende afgestemd op de doelgroep (Spek et al. 2014b). De resultaten waren positief: de cliënttevredenheid was hoog, de uitval zeer laag en de interventie werd door de deelnemers als acceptabel, nuttig en begrijpelijk ervaren. Op basis van deze bevindingen is een *randomized controlled trial* (RCT) uitgevoerd naar de effectiviteit (Spek et al. 2017) en de kosteneffectiviteit (Spek et al., submitted) van MCGP *for survivors of cancer* (MCGP-CS) te onderzoeken.

In totaal werden 170 patiënten at random verdeeld over drie studiecondities: de Nederlandstalige MCGP-CS (kortweg: MCGP-CS; $n = 57$), *Supportive Group Psychotherapy* (SGP; $n = 56$) en *Care as usual* (CAU; $n - 57$). Patiënten in de SGP-conditie namen deel aan een achtweekse lotgenotensteungroep onder begeleiding van een psycholoog. Patiënten in de CAU-conditie kregen geen interventie aangeboden. De primaire uitkomstmaat was persoonlijke zingeving (*Personal Meaning Profile*, PMP). Secundaire uitkomstmaten waren: psychologisch welzijn (Schalen van Psychologisch Welzijn, SPWB), posttraumatische groei (Post-Traumatische Groei Vragenlijst, PTGI), coping (Mentale Aanpassing aan Kanker Schaal, MAC), optimisme (Levensoriëntatie Test, LOT-R), hopeloosheid (*Beck's Hopelessness Scale*, BHS), psychologische *distress*, angst en depressie (Ziekenhuis Angst en Depressie Schaal, HADS) en kwaliteit van leven (EORTC QLQ-C30). Alle meetinstrumenten werden afgenomen voorafgaand aan de randomisatie, direct na de interventie en na drie en zes maanden. De *linear mixed model* analyses (*intention-to-treat*) lieten significante verschillen zien tussen de drie studiecondities in het beloop van de scores op de PMP, de subschalen van de SPWB, de MAC en de HADS.

Uit de post-hocanalyses kwamen grote en significante behandeleffecten naar voren op de primaire uitkomstmaat persoonlijke zingeving ($d = 0,81$) van MCGP-CS vergeleken met CAU. Verder werd er een significant positief kortetermijneffect gevonden op positieve relaties ($d = 0,59$), doel in het leven ($d = 0,69$), doelgerichtheid ($d = 1,07$) en vechtlust ($d = 0,61$). Op langere termijn verminderden hulpeloosheid/hopeloosheid ($d = -0,87$) (3 maanden later), *distress* ($d = -0,6$) en depressie ($d = -0,38$) (6 maanden later) significant. De effecten van MCGP-CS op persoonlijke groei ($d = 0,57$) (3 maanden later) en grip op de omgeving ($d = 0,66$) (6 maanden later) waren significant sterker dan die van SGP. SGP had in vergelijking met CAU enkel effect op doelgerichtheid en dan alleen op korte termijn.

1.4.2 Kosteneffectiviteit

In een studie naar de kosteneffectiviteit van MCGP-CS in vergelijking met die van SGP en CAU (uitgevoerd binnen de RCT zoals hiervoor beschreven), zijn de interventiekosten, directe medische en niet-medische kosten, productiviteitsverliezen en gezondheidsgerelateerde kwaliteit van leven gemeten tot zes maanden na interventie, aan de hand van de *Trimbos and iMTA questionnaire on Costs associated with Psychiatric illness* (TIC-P), de *PROductivity and DISease Questionnaire* (PRODISQ), data uit het ziekenhuisinformatiesysteem van het ziekenhuis waar de patiënt onder behandeling was geweest, en de *EuroQol five dimensions questionnaire* (EQ-5D).

De kosteneffectiviteit werd berekend door de gemiddelde cumulatieve kosten en *qualityadjusted life years* (QALY's)[1] in drie onderzoeksgroepen met elkaar te vergelijken. Na toepassing van een waarschijnlijkheidsbenadering bleek dat MCGP-CS een waarschijnlijkheid van 74 % had om meer kostenbesparend en meer effectief te zijn dan CAU en een waarschijnlijkheid van 78 % om kosteneffectief te zijn. Indien de maatschappij bereid is om investeringen te doen, kan deze 78 % volgens de berekening oplopen tot 92 %. Het is dus waarschijnlijk dat MCGP-CS effectiever en meer kostenbesparend is dan CAU, en effectiever en even kostenbesparend als SGP.

---

1 Een QALY staat voor een extra levensjaar in goede gezondheid.

1.4.3 Conclusie

Op basis van deze resultaten kan geconcludeerd worden dat het 'Behandelprotocol zinsgevingsgerichte groepstherapie voor mensen met kanker' een effectieve interventie is ter verbetering van zingeving, psychologisch welzijn en mentale aanpassing aan kanker op korte termijn en ter vermindering van psychologische *distress* op langere termijn, die waarschijnlijk ook kosteneffectief is. In aangepaste vorm zal de therapie ook effectief zijn voor patiënten in de palliatieve fase.

De therapie leidt tot een sterker gevoel van zingeving en psychologisch welzijn en een afname van depressie en hopeloosheid. Een sterke bevinding is dat een aantal effecten van de therapie ook op de langere termijn optreedt.

1.4.4 Vervolgonderzoek

Verder onderzoek is nodig. Zo moet nog onderzocht worden welke groepen kankerpatiënten het meeste baat hebben bij de therapie en of leeftijd, sekse, psychologische kenmerken enzovoort, of specifieke zingevingsvragen invloed hebben op de effectiviteit ervan. Mogelijk is het protocol zelfs geschikt voor een breed publiek. Daarnaast is het van belang dat de uitgevoerde studies gerepliceerd worden om de robuustheid van de resultaten te toetsen. Op dit moment is dit protocol echter de best onderbouwde en onderzochte zingevingsgerichte therapie die in Nederland beschikbaar is.

1.5 Doel van het 'Behandelprotocol zingevingsgerichte groepstherapie voor mensen met kanker'

Het hoofddoel van het 'Behandelprotocol zingevingsgerichte groepstherapie voor mensen met kanker' is het gevoel van zin- of betekenisgeving bij de deelnemers te behouden of vergroten, zodat zij beter kunnen omgaan met het leven na kanker.

Subdoelen zijn:
1. Deelnemers meer begrip en kennis geven over verschillende persoonlijke bronnen van zingeving voor en na de diagnose kanker.
2. Deelnemers positief ondersteunen bij het (her)ontdekken en beter begrijpen wie zij zijn en welke invloed kanker daarop gehad heeft.
3. Deelnemers laten ervaren dat ze een keuze hebben in het omgaan met onveranderlijke situaties.
4. Deelnemers in staat stellen de geleerde inzichten over zingeving toe te passen in hun dagelijks leven.
5. Een plek bieden aan de deelnemers, waar zij van elkaar kunnen leren en elkaar kunnen steunen in het omgaan met kanker. Breitbart noemt dit een *learning partnership*.

Met de therapie wordt geprobeerd meerdere bronnen van zingeving aan te boren door:
1. didactische uitleg te geven over de theorie en filosofie achter het begrip zingeving;
2. ervaringsoefeningen te doen en huiswerk te geven;
3. groepsgesprekken te voeren met interpretatieve commentaren van de therapeut.

1.6 Handvatten voor de therapeut

> What matters is never a technique per se, but rather the spirit in which the technique is used. Viktor E. Frankl, *The will to meaning* (1969, p. 29)

Hoewel het behandelprotocol doelgericht en directief is, is er wel degelijk ruimte voor interpretatief commentaar van de therapeut, zeker als het gaat om het verduidelijken van bronnen van zingeving en doelen of thema's die naar voren kunnen komen. De bedoeling is dat deelnemers vaardigheden aanleren die zij ook na afloop van de training nog kunnen gebruiken. Binnen de therapie staat het begrip *verantwoordelijkheid* centraal; hiermee wordt bedoeld de verantwoordelijkheid die deelnemers hebben voor zichzelf en voor elkaar om erachter te komen wat zinvol is in hun leven.

1.6.1 Bronnen van zingeving

De leidraad van de therapie wordt gevormd door vier bronnen van zingeving.

> **Bronnen van zingeving als leidraad van de therapie***
>
> **Levensverhaal**
> Hiermee wordt bedoeld: wat deelnemers vanuit hun persoonlijke geschiedenis hebben meegekregen en hoe ze daarmee zijn omgegaan. Daarbij kijken deelnemers naar hoe ze dit willen gebruiken in de toekomst en wat ze door willen geven. Denk daarbij aan het eigen levensverhaal, het verhaal van de familie, ervaringen van vroeger die hen gevormd hebben, dingen die men heeft bereikt in de loop van het leven.
>
> **Omgaan met tegenslag**
> Hiermee wordt bedoeld: het kiezen van een houding, wanneer men tegen beperkingen en moeilijkheden van het leven aanloopt. Van persoonlijke tegenslagen een overwinning maken; boven moeilijke omstandigheden uitstijgen. Voorbeelden zijn een opleiding afronden ondanks persoonlijke of fysieke tegenslag, rouw of verlies verwerken, naar een ouderavond gaan ondanks dat men zich fysiek beroerd voelt.
>
> **Creëren, moed en verantwoordelijkheid**
> Hiermee wordt bedoeld: het leven vorm geven, ook als het moeilijk wordt. Hierbij zijn moed, toewijding en verantwoordelijkheid essentieel. Denk hierbij aan werk, hobby, artistieke prestatie, vrijwilligerswerk, maatschappelijke betrokkenheid etc.
>
> **Ervaringen**
> Hiermee wordt bedoeld: de ervaren verbondenheid met het leven door relaties (met zichzelf en geliefden), schoonheid in natuur, kunst of humor. Bijvoorbeeld mooie ervaringen met familie of vrienden, zoals een avondje uit, met tuinieren, in contact met dieren, in een museum, bij het wandelen of door een mooie zonsondergang.
> * Oorspronkelijk respectievelijk historie, attitude, creëren en ervaringen.

1.6.2 Cognitief herkaderen

Een van de doelen van de therapie is om ervaringen van deelnemers opnieuw te kaderen en om nieuwe mogelijkheden te laten zien, ondanks de (fysieke) beperkingen van kanker. Volgens Frankl biedt het lijden een mens de kans om zijn of haar eigen waarde te ontdekken door de manier waarop hij of zij met persoonlijke uitdagingen om gaat. Frankl beschrijft logotherapie als 'het behandelen van iemands houding ten opzichte van diens onveranderlijk lot'. Zingeving is in deze visie niet iets wat vanzelfsprekend is, maar iets wat men kan bereiken. Dit bereiken kan een gevoel van vervulling geven, of een gevoel deel uit te maken van een groter geheel.

Een probleem met deze manier van cognitief herkaderen, is dat het als autoritair en belerend kan worden ervaren. Frankl kreeg hier kritiek op van onder andere Yalom (1980). Het is niet de bedoeling dat de indruk gewekt wordt dat lijden noodzakelijk is om zingeving te ervaren, maar juist dat zingeving ervaren kan worden *ondanks* of door het omgaan met onvermijdelijk lijden. Het is daarom van belang om uit te gaan van de eigen ervaringen en het eigen perspectief van de deelnemers. En juist door het delen van ervaringen in de groep, kunnen deelnemers zingeving bij elkaar leren ontdekken.

1.6.3 Streven naar concrete voorbeelden en gebruik van oefeningen

Bij de oefeningen en voorbeelden van groepsdeelnemers is het belangrijk om voornamelijk naar concrete voorbeelden van zingeving te blijven zoeken. Het gevaar dreigt om filosofisch/theoretisch te praten over zingeving, waardoor deelnemers weinig gevoelservaringen hebben.

Om de kans op concrete ervaringen te vergroten, is ervoor gekozen telkens een oefening te laten beginnen met een gevoels- en meditatieoefening. Op deze manier wordt ernaar gestreefd dat de deelnemers een moment van rust ervaren, zich meer kunnen afstemmen op hun gevoel en dan meer gevoelsmatig op de vragen kunnen reageren.

Wij beschrijven twee oefeningen die elke een paar minuten duren. Wanneer deelnemers aangeven zich niet te kunnen ontspannen en dit ook niet gewend zijn, kunnen ze uitgenodigd worden even stil te zijn en later de draad weer op te pakken. Er is aparte aandacht voor loslaatoefeningen (bijvoorbeeld na bijeenkomst 2), zodat deelnemers bewust de zwaarte van de bijeenkomst kunnen loslaten.

> ### Gevoelsoefeningen
> **Oefening 1 (met een pauze tussen iedere zin)**
> - Ga zo gemakkelijk mogelijk zitten. Als u wilt, mag u uw ogen sluiten.
> - Probeer de steun van de stoel helemaal te voelen, rugleuning in uw rug, bovenbenen op de stoel. En uw voeten stevig op de grond. Een rechte houding, alert, hoofd rechtop en recht boven uw lichaam.
> - Scan uw lichaam, van boven naar beneden, en laat spanning van uw spieren los: hoofd, nek, schouders, handen en armen, borst, buik, rug, billen, bovenbenen, onderbenen, voeten. Laat in gedachten de spanning in de aarde zakken.
> - Adem eens diep in en uit; bij het uitademen kunt u nog gemakkelijker de spierspanning in uw lichaam loslaten.
> - Probeer eens vanuit uw hoofd af te zakken naar het niveau van ervaringen, zodat u zich beter kunt afstemmen op ervaringen. En stelt u zich dan ook open voor alle inzichten die naar boven kunnen komen.

Oefening 2 (met een pauze tussen iedere zin)
- Ga makkelijk op de stoel zitten en doe uw ogen dicht. Met de ogen dicht lukt het beter om de aandacht op uzelf te richten en de wereld om u heen buiten te sluiten.
- Voel hoe u hier zit.
- Neem daar de tijd voor.
- Word u bewust van uw ademhaling.
- Laat de adem door uw neus naar binnen stromen en sta stil bij dat gevoel.
- Ervaar hoe de ademhaling door uw luchtpijp naar beneden zakt.
- Blijf er met uw aandacht bij; als u afdwaalt, gaat u rustig weer terug met bewuste aandacht naar waar u gebleven was.
- Voel hoe uw adem naar uw longen zakt.
- Maar stel u voor dat hij nog verder zakt, naar uw buik.
- Word u bewust van het bewegen van uw buik op het ritme van de ademhaling.
- Laat uw buik wat uitzetten op de inademing.
- Voel hoe die weer terug zakt op de uitademing.
- Volg dit met aandacht een keer of drie.
- Ervaar het moment van rust nadat u uitgeademd bent.

Loslaatsuggesties
- Concentreer u op waar in uw lichaam u de zwaarte van vandaag voelt, en laat deze zwaarte in deze kamer door deze bijvoorbeeld op tafel te visualiseren. De volgende bijeenkomst pakken we dit weer op; nu kunt u dit hier laten.
- Stuur in gedachten de zwaarte en de spanning telkens met iedere uitademing mee, ontspan en adem nieuwe zuurstof in.
- Ga in gedachten onder een douche of waterval staan, voel het stromende water en voel hoe het water de zwaarte en spanningen met zich kan meenemen.

1.7 Zingevingsgerichte groepstherapie bij mensen met kanker in de palliatieve fase

Zingevingsgerichte groepstherapie voor mensen met kanker kan met enkele kleine aanpassingen ook worden gebruikt voor oncologiepatiënten in de palliatieve fase.
- Vermijd het woord 'toekomst', en gebruik in plaats daarvan 'de tijd die nog voor u ligt'. Mensen in de palliatieve fase, na het krijgen van de diagnose *ongeneeslijke* kanker, hebben vaker moeite met het woord 'toekomst', omdat toekomst meer geassocieerd wordt met een lange tijd met een open einde. Juist omdat hun omgeving vaak gewoon door lijkt te leven met een onbegrensde toekomst, is het heel belangrijk hier alert op te zijn.
- Pas het werkboek aan op de volgende onderdelen:
  - Bij bijeenkomst 3, in het huiswerk voor bijeenkomst 4: Laat het derde onderdeel weg ("Stel, u mocht wensen wat u wilde: hoe zou u toekomst eruit zien? Anders gezegd: welke dromen heeft u of wat hoopt u in de toekomst daadwerkelijk te bereiken?")
  - Bij bijeenkomst 4 staat bij 'Uitleg levensverhaal en zingeving (II)': Het levensverhaal uit het verleden ligt vast, maar men kan wel proberen te accepteren hoe het geweest is. Het levensverhaal loopt echter verder, nu en in de toekomst. Deze laatste zin dient weggelaten te worden.

- Bij bijeenkomst 5 in het huiswerk voor bijeenkomst 8: Aan de voorbeelden kan het volgende worden toegevoegd: "Denk hierbij zowel aan zaken die u wilt overdragen of nalaten aan uw dierbaren, of aan dingen die u wilt doen, maar waar u niet de tijd voor heeft genomen". Doel hiervan is te benadrukken dat mensen uit hun levensverhaal waarden kunnen overdragen aan een volgende generatie. Dit huiswerk wordt herhaald in bijeenkomst 7. Ook hier kan bovenstaande zin worden toegevoegd.
- Bij bijeenkomst 5, in het onderdeel 'Discussie over de grootste beperkingen' staat: "Vaak zijn mensen die kanker krijgen, bezig met het thema dood en angst voor de dood, *ongeacht of zij een goede of minder goede prognose hebben*. Hoe is dat bij u?" Laat hierbij het cursieve gedeelte van de zin weg.

Groepstherapieprotocol

Samenvatting

In dit tweede deel wordt per bijeenkomst precies uitgelegd hoe de therapie verloopt. De tijdsaanduiding per onderdeel van elke bijeenkomst is indicatief. De bronnen van zingeving worden expliciet thematisch besproken: bijeenkomst 3 en 4 omvatten het levensverhaal; bijeenkomst 5 het omgaan met tegenslag, bijeenkomst 6 creëren, moed en verantwoordelijkheid en bijeenkomst 7 de ervaringen als bron van zingeving. In bijeenkomst 8 presenteren de deelnemers hun levenslessen aan elkaar en wordt de therapie afgerond.

2.1 Bijeenkomst 1. Kennismaken met elkaar en de therapie – 16
2.1.1 Inleiding – 16
2.1.2 Kennismaking met elkaar (15 min, afhankelijk van groepsgrootte) – 16
2.1.3 Korte uitleg over de therapie (10 min) – 17
2.1.4 Oefening 1. Zingeving definiëren (15 min) – 17
2.1.5 Uitleg over zingeving en de bronnen van zingeving (20 min) – 18
2.1.6 Oefening 2. Ervaringen met zingeving (35 min) – 20
2.1.7 Uitleg kanker en zingeving (10 min) – 20
2.1.8 Afsluitende oefening (10 min) – 20
2.1.9 Afsluiting (5 min) – 21

2.2 Bijeenkomst 2. Zingeving voor en na kanker – 21
2.2.1 Inleiding – 21
2.2.2 Rondvraag en huiswerk bespreken (10 min) – 22
2.2.3 Persoonlijke verhalen over kanker (90 min) – 22
2.2.4 Afsluitende oefening (10 min) – 22
2.2.5 Afsluiting (5 min) – 22
2.2.6 Korte loslaatmeditatie (5 min) – 23

© Bohn Stafleu van Loghum, onderdeel van Springer Media B.V. 2017
N. van der Spek et al., *Behandelprotocol zingevingsgerichte groepstherapie voor mensen met kanker*,
DOI 10.1007/978-90-368-1823-0_2

2.3 Bijeenkomst 3. Het levensverhaal als bron van zingeving (deel 1): Wat u heeft gemaakt, tot wie u nu bent – 23

- 2.3.1 Inleiding – 23
- 2.3.2 Rondvraag en huiswerk bespreken (10 min) – 24
- 2.3.3 Uitleg: Levensverhaal en zingeving (I) (15 min) – 24
- 2.3.4 Oefening 1. Wie ben ik? (20 min) – 25
- 2.3.5 Nabespreking oefening 1 (60 min) – 25
- 2.3.6 Afsluitende oefening (10 min) – 26
- 2.3.7 Afsluiting (5 min) – 26

2.4 Bijeenkomst 4. Het levensverhaal als bron van zingeving (deel 2): Wat was uw eigen invloed? – 26

- 2.4.1 Inleiding – 26
- 2.4.2 Rondvraag (10 min) – 27
- 2.4.3 Uitleg: Levensverhaal en zingeving (II) (10 min) – 27
- 2.4.4 Huiswerk bespreken (85 min) – 28
- 2.4.5 Afsluitende oefening (10 min) – 28
- 2.4.6 Afsluiting (5 min) – 28

2.5 Bijeenkomst 5. Omgaan met tegenslag als bron van zingeving – 29

- 2.5.1 Inleiding – 29
- 2.5.2 Rondvraag en huiswerk bespreken (10 min) – 29
- 2.5.3 Uitleg: Omgaan met tegenslag als bron van zingeving (10 min) – 29
- 2.5.4 Oefening 1. Ervaren van grenzen (10 min) – 31
- 2.5.5 Nabespreken oefening (20 min) – 31
- 2.5.6 Discussie over de grootste beperkingen (20 min) – 31
- 2.5.7 Oefening 2. Naar de toekomst kijken (15 min) – 31
- 2.5.8 Oefening 2 nabespreken (20 min) – 32
- 2.5.9 Afsluitende oefening (10 min) – 32
- 2.5.10 Afsluiting (5 min) – 32

2.6 Bijeenkomst 6. Creëren, moed en verantwoordelijkheid als bron van zingeving – 33

- 2.6.1 Rondvraag en huiswerk bespreken (15 min) – 34
- 2.6.2 Uitleg: Creëren, moed en verantwoordelijkheid (10 min) – 34
- 2.6.3 Oefening 1. Moed (20 min) – 34
- 2.6.4 Nabespreken oefening (60 min) – 35
- 2.6.5 Afsluitende oefening (10 min) – 35
- 2.6.6 Afsluiting (5 min) – 35

2.7	**Bijeenkomst 7. Ervaringen als bron van zingeving – 36**	
2.7.1	Rondvraag (10 min) – 36	
2.7.2	Uitleg: Ervaring en zingeving (5 min) – 36	
2.7.3	Huiswerk bespreken: verbondenheid door liefde, schoonheid en humor (30 min) – 36	
2.7.4	Uitleg zinervaring (5 min) – 37	
2.7.5	Oefening 1. Zinervaring (10 min) – 37	
2.7.6	Nabespreken oefening 1 (45 min) – 37	
2.7.7	Afsluitende oefening (10 min) – 37	
2.7.8	Afsluiting (5 min) – 38	
2.8	**Bijeenkomst 8. Presentaties van levenslessen en afscheid – 38**	
2.8.1	Rondvraag (5 min) – 39	
2.8.2	Uitleg (5 min) – 39	
2.8.3	Presentaties van levenslessen (90 min) – 39	
2.8.4	Evaluatie en Afsluiting (20 min) – 39	

2.1 Bijeenkomst 1. Kennismaken met elkaar en de therapie

2.1.1 Inleiding

In deze bijeenkomst stelt iedereen zichzelf voor en worden ervaringen van de deelnemers besproken. Het is de bedoeling dat het voor de deelnemers duidelijk wordt wat de therapie inhoudt en dat ze kennismaken met de theorie over zingeving.

Doelen
Kennismaken met elkaar, uitleg over de therapie en uitleg over zingevingstheorie.

> **Agenda bijeenkomst 1**
> 1. Kennismaking met elkaar (15 min)
> 2. Korte uitleg over de therapie (10 min)
> 3. Oefening 1. Zingeving definiëren (15 min)
> 4. Uitleg over zingeving en bronnen van zingeving (20 min)
> 5. Oefening 2. Ervaringen met zingeving (35 min)
> 6. Uitleg kanker en zingeving (10 min)
> 7. Afsluitende oefening (10 min)
> 8. Afsluiting (5 min)

2.1.2 Kennismaking met elkaar (15 min, afhankelijk van groepsgrootte)

De therapeut heet de deelnemers welkom en stelt zich voor.

> **Voorbeeld**
> "Welkom bij de eerste bijeenkomst van 'Zingevingsgerichte groepstherapie voor mensen met kanker'. Deze therapie is ontwikkeld in Amerika en is gebaseerd op het werk van Viktor Frankl, een psychiater die veel boeken geschreven heeft over het vinden en ervaren van zingeving. Er zullen in totaal acht wekelijkse bijeenkomsten zijn, waarin het zal gaan over zingeving, over hoe mensen zin- of betekenisgeving kunnen vinden en in het bijzonder hoe u dat doet als u de diagnose kanker heeft gehad. Woorden als zingeving en betekenisgeving klinken misschien vaag. Daarom zal geprobeerd worden door oefeningen en discussie de term een persoonlijke betekenis te geven."

Voorstellen

De deelnemers worden uitgenodigd om zichzelf *kort* voor te stellen door het volgende over zichzelf te vertellen: naam, leeftijd, woonplaats, relatie/kinderen en type kanker.

- **Toelichting**

Het kan lastig kan zijn om deelnemers te beperken in hun verhaal over kanker in een kennismakingsrondje. Een uitgebreide voorstelronde, waarin veel aandacht is voor de ervaringen met kanker, volgt in bijeenkomst 2.

2.1.3 Korte uitleg over de therapie (10 min)

Doelen
Het doel van de groepstherapie is om deelnemers te helpen erachter te komen wat zingeving voor hen is en de deelnemers te ondersteunen bij het vasthouden van het gevoel van zingeving in een situatie waarin zij om moeten gaan met de gevolgen van kanker. Een ander doel is een beeld te krijgen van wat kanker met de deelnemer heeft gedaan, door te kijken naar identiteit en zelfbeeld van de deelnemer. Een vraag die aan de orde komt luidt: Heeft kanker u veranderd en hoe bent u dan precies veranderd? Deze groepstherapie is bedoeld als een gezamenlijke leerervaring.

Groepsregels en -richtlijnen
Het is heel belangrijk dat iedereen zich veilig kan voelen in deze groep. Daarom hanteren we een aantal regels over hoe we met elkaar omgaan in de groep. Informatie hierover staat in de Inleiding van het werkboek, evenals uitleg over het belang van huiswerk.

Logistiek
Zaken over locatie, catering en wat verder relevant is.

Het werkboek
De deelnemers verzamelen de oefeningen in hun werkboek. Alle oefeningen gaan over wat men geleerd heeft door de ervaring met kanker, met een groot woord 'levensles', maar ook over wat men geleerd heeft door andere levenservaringen. Waarom wordt er stilgestaan bij levenslessen? Door kanker leert men zichzelf vaak goed kennen, zowel de sterke als de kwetsbare kanten. In deze therapie wordt geprobeerd deze ervaringen te benutten door ze expliciet op te schrijven en te verzamelen. Er wordt stilgestaan bij de vraag wat de deelnemers in de toekomst met hun ervaringen willen gaan doen.

Overzicht van de bijeenkomsten
De therapeut geeft een kort overzicht van de bijeenkomsten (zie werkboek bijeenkomst 1).

2.1.4 Oefening 1. Zingeving definiëren (15 min)

Doel van deze oefening is om de term zingeving te laten aansluiten bij de terminologie en beleving van de deelnemers. De oefening wordt door de deelnemers individueel gemaakt en daarna groepsgewijs besproken.

Hierna volgt een zogeheten werkboekkader, met informatie uit het werkboek. Deekst tussen aanhalingstekens zou u letterlijk kunnen uitspreken.

Werkboek

Definitie van zingeving
Zingeving refereert aan momenten die het leven de moeite waard maken, wanneer je het gevoel hebt dat je ertoe doet, of het gevoel hebt dat je leeft. Dingen uit het verleden die, als je erop terugkijkt, nog steeds heel belangrijk voor je zijn.

> **Werkboek**
>
> "In deze training wordt er vaak gesproken over 'zingeving'. Deze term klinkt misschien wat vaag. Vaak gebruiken mensen andere woorden in plaats van zingeving. Welke term gebruikt u het liefst?"
> Voorbeelden zijn: zingeving, zin, wat ik echt wil, intuïtief leven, levenskunst, flow, 'iets dat mijn ding is', 'als ik een klik voel', mijn diepste drijfveren, doelen, iets dat uw leven betekenis geeft, dat wat er toe doet, iets waar u voldoening uit haalt, etc.

- Bespreek de definitie van zingeving. Gebruik dit als een bruggetje naar de uitleg over zingeving.
- Suggestie: Vraag aan de deelnemers of ze het goed vinden dat het woord 'zingeving' gebruikt wordt in de training. Als zij hiermee instemmen, kunnen zij dat woord in hun hoofd iedere keer vervangen door hun eigen woord.

2.1.5 Uitleg over zingeving en de bronnen van zingeving (20 min)

Korte uitleg over zingeving in eigen woorden. Bespreek in elk geval de bronnen van zingeving en benoem dat daar nog vaker op teruggekomen zal worden. Ruimte voor reacties uit de groep.

> **Werkboek**
>
> **Uitleg over zingeving**
> Deze zingevingstraining is gebaseerd op het werk van Viktor Frankl, een psychiater die Auschwitz overleefde en in het concentratiekamp geïnspireerd raakte door het idee dat het verlangen naar zingeving de belangrijkste drijfveer van mensen is. Hij geloofde dat elk leven tot op het laatst zinvol is, wat de omstandigheden ook zijn. Over veel zaken in het leven heeft men geen controle. Men heeft echter wel altijd controle over de houding die men kiest ten opzichte van tegenslagen. Hoe men ermee omgaat (zelfs in een concentratiekamp).
> Er zijn volgens Frankl drie feiten waar iedereen vroeg of laat mee om moet gaan: schuld, lijden en dood. Aan de ene kant kunnen schuld, lijden en dood stressvol zijn en het leven zinloos laten lijken. Aan de andere kant kunnen ze bronnen van zingeving zijn. Zingeving kan stress en pijn helpen verlichten. Nietzsche schreef: *"He who has a why to live for can bear almost any how."* (Ned.: Wie een waarom heeft om voor te leven, kan bijna alles aan.) Hoewel iedereen vroeg of laat voor existentiële vraagstukken komt te staan, zijn de vraagstukken voor mensen die kanker hebben gehad vaak groter, zijn ze intenser en doen ze zich ook vaak eerder in het leven voor.
>
> **Enkele ideeën rond zingeving**
> Er bestaan veel verschillende termen voor zingeving (zie oefening 1).
> - Zingeving is er van groot tot klein en alles daar tussenin. Zo kan iemand een studie als zin ervaren, een relatie, kinderen of carrière, maar ook het genieten van een terrasje of het kijken naar een vogeltje in het park.

- Er hoeft niet per se één grote zin van het leven te bestaan. Meestal vindt men een stuk zin op het ene gebied (bijv. studie, baan of relatie) en kan men tegelijkertijd zinloosheid ervaren op een ander gebied (bijv. pijn, moeheid, of verlies). Zingeving gaat er niet zozeer over of het leven in het algemeen een diepere, religieuze zin heeft. Zingeving gaat er meer over of iemand ervaart dat het leven voor hem of haar zinvol is. Religie kan voor sommige mensen wel belangrijk zijn voor het ervaren van zin.
- Het is altijd mogelijk om zin te ervaren, ook in hele moeilijke omstandigheden (Viktor Frankl). De situatie kan men soms niet veranderen, de houding ten aanzien van die situatie vaak wel.
- Zingeving ligt niet vast. Het ontwikkelt zich gedurende het hele leven.
- Zingeving is uniek voor iedereen. Een ander kan nooit voor iemand bepalen wat het leven zin geeft. Met elkaar uitwisselen wat zinvol zou kunnen zijn, kan je wel op nieuwe gedachten brengen.
- Zingeving kan het persoonlijke vlak overstijgen. Zingeving kan boven het hier en nu en de dagelijkse situatie uitstijgen. Zingeving kan gaan over zich verbonden voelen met iets groters dan zichzelf (de omgeving, de natuur, het oneindige, God, etc.)
- Zingeving gaat meer over het beleven en ervaren van zingeving, dan over theoretiseren. Zingeving ervaart je daarom niet per se door er veel over na te denken. Praten over zingeving is om die reden vaak ook lastig.
- Zingeving heeft veel te maken met bewustwording en ergens aandacht aan geven en is niet vanzelfsprekend. Aan de ene kant weet iedereen vaak intuïtief wat zinvol is, aan de andere kant lijkt het belangrijk om aandacht te besteden aan het vergroten van ontvankelijkheid en openheid om te voelen wat zinvol kan zijn, bijvoorbeeld door in de natuur te wandelen, te mediteren of met anderen te praten. Juist door bewustwording leer je zin te ervaren in een situatie die eerst zinloos leek.

Vier bronnen van zingeving

1. Levensverhaal

Hiermee wordt bedoeld: wat u vanuit uw persoonlijke geschiedenis heeft meegekregen en hoe u daarmee bent omgegaan. Daarbij kijkt u naar hoe u deze ervaringen wilt gebruiken in de toekomst en wat u door wilt geven. Denk daarbij aan uw eigen levensverhaal, het verhaal van uw familie, ervaringen van vroeger die u gevormd hebben, dingen die u heeft bereikt in de loop van uw leven.

2. Hoe men met moeilijke gebeurtenissen omgaat

Hiermee wordt bedoeld: het kiezen van een houding, wanneer u tegen beperkingen en moeilijkheden van het leven aanloopt. Van persoonlijke tegenslagen een overwinning maken. Boven moeilijke omstandigheden uitstijgen. Hoe u daarmee omgaat – uw houding – kan een bron van zingeving zijn. Voorbeelden zijn een opleiding afronden ondanks persoonlijke of fysieke tegenslag, rouw of verlies verwerken, naar een ouderavond gaan ondanks dat u zich fysiek beroerd voelt.

3. Creëren, moed en verantwoordelijkheid

Hiermee wordt bedoeld: uw leven vormgeven, ook als het moeilijk wordt. Hierbij zijn moed, toewijding en verantwoordelijkheid essentieel. Denk hierbij aan werk, hobby, artistieke prestatie, vrijwilligerswerk, maatschappelijke betrokkenheid, etc.

▪▪ 4. Ervaringen

Hiermee wordt bedoeld: de ervaren verbondenheid met het leven door relaties (met uzelf en geliefden), schoonheid in natuur, kunst of humor. Bijvoorbeeld mooie ervaringen met familie of vrienden, zoals een avondje uit, met tuinieren, in contact met dieren, in een museum, bij het wandelen of door een mooie zonsondergang.

2.1.6 Oefening 2. Ervaringen met zingeving (35 min)

Doel van deze oefening is om de deelnemers bewust te maken van zingeving die er al is in hun leven. Zingeving ervaren hoeft niet moeilijk te zijn.

De oefening start met een korte gevoels- en meditatieoefening (zie voor suggesties ▶par. 1.5), waarbij op het eind de opdracht wordt voorgelezen waar mensen kort bij stil kunnen staan. De oefening wordt afgerond. Daarna worden de deelnemers uitgenodigd om hun ervaringen op te schrijven en antwoord te geven op onderstaande vraag. De ervaringen worden vervolgens in de groep besproken.

Werkboek

Oefening 2. Ervaringen met zingeving
"Beschrijf een ervaring die u in de afgelopen weken heeft gehad, waarbij u het leven als zinvol ervoer. Dat kan ook iets heel kleins zijn. Bijvoorbeeld iets wat u heeft geholpen om een moeilijke dag door te komen."

2.1.7 Uitleg kanker en zingeving (10 min)

Werkboek

Uitleg: kanker en zingeving
Lijden of tegenslag heeft meerdere dimensies, denk aan fysieke pijn, emotioneel of spiritueel lijden. In een moeilijke periode kun je minder zingeving ervaren of de waarde van gebeurtenissen niet meer inzien. Je kunt echter ook zin halen uit omgaan met tegenslag. Door te putten uit de bronnen van zingeving kun je je houding ten opzichte van tegenslag onderzoeken en daarin zingeving vinden, behouden en vergroten. Zingeving kan verschuiven. De focus kan anders komen te liggen. Tegenslag hoeft niet alleen maar negatief of alleen maar positief te zijn, beide kanten kunnen naast elkaar bestaan. Zie ◘ fig. 2.1.

2.1.8 Afsluitende oefening (10 min)

Doel van deze oefening is om de belangrijkste lessen van deze bijeenkomst op te schrijven, zodat die beter kunnen worden onthouden en in het werkboek makkelijk teruggelezen kunnen worden. De oefening wordt door de deelnemers individueel gemaakt en daarna noemt iedere deelnemer één van de drie lessen.

2.2 · Bijeenkomst 2. Zingeving voor en na kanker

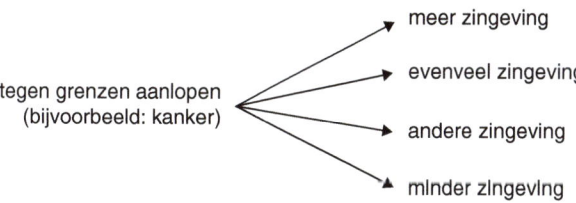

Figuur 2.1 Tegen grenzen aanlopen

Werkboek

Afsluitende oefening
- "Wat zijn uw drie belangrijkste ervaringen tijdens deze bijeenkomst en wat neemt u mee van het thema van vandaag? Bijvoorbeeld: lessen, inzicht, verrassing, boodschap. U mag er drie (of meer) voor uzelf opschrijven."

2.1.9 Afsluiting (5 min)

- Korte samenvatting en korte vooruitblik op volgende bijeenkomst.
- Het huiswerk voor bijeenkomst 2 wordt besproken.

Werkboek

Huiswerk
1. "Schrijf deze week enkele ervaringen op (bijvoorbeeld aan het eind van elke dag, voor het slapengaan), waarbij u het leven als zinvol ervoer. Dat kan iets heel kleins, maar ook iets heel krachtigs zijn. Bijvoorbeeld iets wat u heeft geholpen om een moeilijke dag door te komen. Probeer zo breed mogelijk te kijken en nieuwe zinvolle momenten op te schrijven."
2. "Schrijf in circa tien zinnen op wat u belangrijk vindt dat de groep weet over uw persoonlijke ervaring met kanker. U kunt daarbij denken aan de soort kanker en wanneer u die heeft gekregen, maar ook aan hoe u daarmee bent omgegaan. Wat heeft u door de moeilijke perioden heen geholpen, bijvoorbeeld vrienden, hoop, doorzettingsvermogen, een arts die u goed ondersteunde, etc.
Het gaat er niet om dat u volledig bent, maar dat u uw ervaring introduceert bij de rest van de groep. Veel onderdelen van uw ervaring met kanker zullen in andere bijeenkomsten aan bod komen. Tijdens de volgende bijeenkomst kunt u uw verhaal vertellen in circa 10 minuten."

2.2 Bijeenkomst 2. Zingeving voor en na kanker

2.2.1 Inleiding

Deze bijeenkomst is gericht op het persoonlijke verhaal van de deelnemers ten aanzien van kanker. De vraag die centraal staat is: hoe bent u er doorheen gekomen?

Doel
Bekend raken met elkaars verhaal over kanker en de (verschillende) manier waarop iedereen ermee omgaat.

Agenda bijeenkomst 2

1. Rondvraag en huiswerk (10 min)
2. Persoonlijke verhalen over kanker (90 min)
3. Afsluitende oefening (10 min)
4. Afsluiting (5 min)
5. Korte loslaatmeditatie (5 min)

2.2.2 Rondvraag en huiswerk bespreken (10 min)

Korte rondvraag. Eventueel kan iedereen één voorbeeld van zingeving noemen (uit het huiswerk).

2.2.3 Persoonlijke verhalen over kanker (90 min)

Iedereen vertelt op zijn eigen manier over zijn of haar ervaring met kanker. De vraag die centraal staat is 'hoe bent u hier doorheen gekomen?'

2.2.4 Afsluitende oefening (10 min)

Doel van deze oefening is om de belangrijkste lessen van deze bijeenkomst op te schrijven, zodat die beter kunnen worden onthouden en later makkelijk teruggelezen kunnen worden. De oefening wordt door de deelnemers individueel gemaakt en daarna noemt iedere deelnemer een van de drie lessen.

Werkboek

Afsluitende oefening
- "Wat zijn de drie belangrijkste ervaringen die u van vandaag en van het thema meeneemt? Bijvoorbeeld: lessen, inzicht, verrassing, boodschap."

2.2.5 Afsluiting (5 min)

- Korte samenvatting en korte vooruitblik op volgende bijeenkomst.
- Het huiswerk voor bijeenkomst 3 wordt besproken.

Werkboek

Huiswerk

"Als u terugkijkt op uw leven en opvoeding, wat zijn dan de belangrijkste gebeurtenissen, herinneringen, relaties en gewoonten die het meest bepalend zijn geweest voor de persoon die u nu bent? Wat is bijvoorbeeld de oorsprong van uw naam? Probeer minstens vijf dingen op te schrijven.

U kunt voor deze oefening terugbladeren in oude fotoboeken of dagboeken of er met mensen van vroeger over praten (ouders, zus, broer, vrienden, etc.)." Ook kunt u een mooie herinnering uitschrijven, of foto's of oude dagboekfragmenten opnemen in uw werkboek. Of u zou kunnen nadenken over een voorwerp dat symbool staat voor een belangrijke gebeurtenis of herinnering, dat u dan de vierde bijeenkomst kan ondersteunen bij uw verhaal vertellen.

NB Dit huiswerk wordt inhoudelijk pas besproken in bijeenkomst 4, die ook zal gaan over het levensverhaal als bron van zingeving.

2.2.6 Korte loslaatmeditatie (5 min)

Denk hierbij aan een ontspanningsoefening of aan een visualisatie. Zie ook de loslaatsuggesties in ▶ par. 1.5.

2.3 Bijeenkomst 3. Het levensverhaal als bron van zingeving (deel 1): Wat u heeft gemaakt, tot wie u nu bent

2.3.1 Inleiding

Deze bijeenkomst gaat over het belang en de invloed van het levensverhaal op de identiteit (zoals genetische erfenis, cultuur, familie, sociale context, etc.). Er wordt ook ingegaan op de vragen: Wie ben ik, en hoe heeft kanker dit beïnvloed?'

Doel
Deelnemers richten hun aandacht op hun levensverhaal, op wie zij zijn (identiteit) en welke invloed kanker daarop (gehad) heeft.

Agenda bijeenkomst 3
1. Rondvraag en huiswerk (10 min)
2. Uitleg Levensverhaal en zingeving (I) (15 min)
3. Oefening 1. Wie ben ik? (20 min)
4. Nabespreking (60 min)
5. Afsluitende oefening (10 min)
6. Afsluiting (5 min)

2.3.2 Rondvraag en huiswerk bespreken (10 min)

Korte rondvraag. Bespreek het huiswerk niet inhoudelijk, maar vraag wel hoe het is gegaan. Licht toe dat het huiswerk van de vorige week tijdens de volgende bijeenkomst besproken zal worden.

Vandaag ligt de focus van het levensverhaal op de omstandigheden zelf en de volgende keer gaat het over wat men met deze omstandigheden heeft gedaan. Omdat die twee onderdelen nauw verbonden zijn, is ervoor gekozen het huiswerk voor bijeenkomst 3 en 4 pas in bijeenkomst 4 te bespreken.

2.3.3 Uitleg: Levensverhaal en zingeving (I) (15 min)

Doel: deelnemers kunnen vanuit verschillende perspectieven naar hun levensverhaal kijken. Herhaal de vier bronnen van zingeving en leg het thema van vandaag uit. Doe dat in eigen woorden.

> **Voorbeeld**
> Vandaag en volgende week staat het levensverhaal centraal. Dat is een van de mogelijke bronnen van zingeving. Deze bron raakt soms ondergesneeuwd wanneer mensen een heftige levenservaring hebben meegemaakt. Het kan dan soms lijken alsof het levensverhaal in tweeën gesplitst is: een leven voor en een leven na kanker. Het huiswerk voor vandaag gaat over zingeving die te maken heeft met de vastliggende feiten vanuit het verleden. Denk hierbij aan familie afkomst, geslacht, etniciteit, cultuur, sociale context, genen, etc. De ervaringen uit het verleden kunnen groot of klein zijn, zolang ze maar zinvol en waardevol zijn voor u als persoon.

Werkboek

Uitleg: Levensverhaal en zingeving (I)
Waarom is er in deze therapie aandacht voor het verleden?
- Als iemand een confronterende gebeurtenis in het leven meemaakt, zoals het krijgen van kanker, blikt men vaak terug op het verleden. Daar kunnen dingen liggen waar u nu misschien nog iets mee wilt doen, of wellicht niet.
- Zingeving heeft sterk te maken met *wie u bent*: wat uw normen en waarden zijn, wat uw doelen zijn, wat belangrijk voor u is in het leven. Dit komt allemaal voort uit uw levensverhaal. Nadenken over uw levensverhaal, helpt u bij het reflecteren op dingen die betekenisvol voor u waren of waar u blij van werd. Ook kunt u zich op die manier bewuster worden van wat u tot nu toe zelf gedaan heeft en wat u nog zou willen doen.
- Het verleden bestaat uit positieve en negatieve ervaringen. Het lijkt belangrijk dit als geheel te accepteren. Zingeving gaat dus ook over hoe u heeft leren omgaan met tegenslag in uw leven. Die vaardigheid heeft u wellicht opnieuw moeten gebruiken of voor het eerst ontwikkelen toen u kanker kreeg. Het verleden kan daardoor een andere bron van zingeving zijn, namelijk 'omgaan met tegenslag als bron van zingeving (verdriet veranderen in overwinning)' (dit komt diepgaander aan de orde in bijeenkomst 5).
- In het verleden heeft u positieve en negatieve levenslessen geleerd. Welke zijn op de achtergrond geraakt of vergeten? Welke herinnert u zich opnieuw? Welke wilt u actief gaan gebruiken?
- Stilstaan bij vroeger kan allerlei gevoelens oproepen: blijdschap, verdriet, spijt hebben dat u niet alle mogelijkheden heeft gebruikt die u toen had, etc. Die gevoelens vertellen

u iets over wat zinvol/waardevol voor u is, en wat u mee kunt nemen als levensles/bron van zingeving in de toekomst.
- Het vertellen van uw levensverhaal verbindt u (opnieuw) met de mensen om u heen, en helpt u om die verbondenheid te voelen. Ook al zijn die belangrijke mensen er nu misschien fysiek niet meer. De herinnering en verbinding kan zinvol/waardevol voor u zijn.

2.3.4 Oefening 1. Wie ben ik? (20 min)

Doel van deze oefening is de aandacht te richten op wie u bent in de verschillende levenssituaties. Wie u bent, uw identiteit, is opgebouwd uit meerdere zinvolle elementen: elk antwoord op de vraag 'wie ben ik?' geeft iets zinvols aan. Bij die vraag wordt de rode draad in ieders leven meer zichtbaar en men kan zich bewust worden van de veranderingen.

De oefening start met de korte gevoels- en meditatieoefening uit ▶ par. 1.5.
- Ga zo gemakkelijk mogelijk zitten. Als u wilt, mag u uw ogen sluiten, maar u kunt ze ook openhouden, waardoor u wat voor u uit kunt staren.
- Probeer de steun van de stoel helemaal te voelen, rugleuning in uw rug, bovenbenen op de stoel. En uw voeten stevig op de grond. Een rechte houding, alert, hoofd rechtop en recht boven uw lichaam.
- Scan uw lichaam, van boven naar beneden, en laat spanning van uw spieren los: hoofd, nek, schouders, handen en armen, borst, buik, rug, billen, bovenbenen, onderbenen, voeten. Laat de spanning in de aarde zakken.
- Adem eens diep in en uit; bij het uitademen kunt u nog gemakkelijker de spierspanning in uw lichaam loslaten.
- Probeer eens vanuit uw hoofd af te zakken naar het niveau van ervaringen, zodat u zich beter kunt afstemmen op ervaringen. En stelt u zich dan ook open voor alle inzichten die naar boven kunnen komen.

Lees nu alleen vraag 1 voor uit het werkboek en laat de deelnemers hier voor zichzelf kort over nadenken. Nodig de deelnemers daarna uit om de oefening af te ronden en hun ervaringen in hun werkboek op te schrijven en antwoord te geven op zowel vraag 1 als op de vraag 2.

Werkboek

Oefening 1. Wie ben ik?
1. "Geef zo veel mogelijk (minstens vier) antwoorden op de vraag: Wie ben ik? Dit mag positief of negatief zijn. Het kan gaan over uw karakter, geloof, uiterlijk, dingen die u doet, etc. U kunt ook antwoord geven op de vraag: Wie ben ik *niet*?"
2. "Hoe heeft kanker uw antwoorden op de vorige vraag beïnvloed? Wat is er veranderd?"

2.3.5 Nabespreking oefening 1 (60 min)

Leg de nadruk op de bronnen van zingeving en op wat er veranderd is.

2.3.6 Afsluitende oefening (10 min)

Doel van deze oefening is om de belangrijkste lessen van deze bijeenkomst op te schrijven, zodat die beter kunnen worden onthouden en in het werkboek makkelijk teruggelezen kunnen worden.

Werkboek

Afsluitende oefening
1. Wat zijn de drie belangrijkste ervaringen die u van vandaag en van het thema meeneemt? Bijvoorbeeld: lessen, inzicht, verrassing, boodschap

De oefening wordt door de deelnemers individueel gemaakt en daarna noemt iedere deelnemer één van de drie lessen.

2.3.7 Afsluiting (5 min)

- Beknopte samenvatting en korte vooruitblik op volgende bijeenkomst.
- Het huiswerk voor bijeenkomst 4 wordt besproken.

Werkboek

Huiswerk
- "Lees nog eens door wat u de vorige keer bij het huiswerk heeft opgeschreven en vraag u af welke invloed u *zelf* op uw levenservaringen heeft kunnen uitoefenen."
- "Welke levenslessen heeft u uit uw ervaringen opgedaan en hoe past u die in uw huidige leven toe? Bijvoorbeeld: zinvolle activiteiten, rollen of prestaties."
- "Als u aan de toekomst denkt, welke dingen waar u trots op bent, zou u dan willen (blijven) gebruiken en/of aan anderen willen doorgeven?"
- "Stel, u mocht wensen wat u wilde, hoe zou uw toekomst er dan uitzien? Anders gezegd, welke dromen heeft u of wat hoopt u in de toekomst daadwerkelijk te bereiken?"

2.4 Bijeenkomst 4. Het levensverhaal als bron van zingeving (deel 2): Wat was uw eigen invloed?

2.4.1 Inleiding

In deze bijeenkomst wordt het levensverhaal besproken met speciale aandacht voor wat de deelnemer zelf met de omstandigheden heeft gedaan en welke levenslessen de deelnemer uit de omstandigheden heeft getrokken. Aansluitend gaat het om de vraag: welke van deze levenslessen zou u willen gebruiken voor de toekomst?

Doel
Deelnemers richten zich op hoe zij hun leven nu leiden, welke levenslessen belangrijk zijn voor de toekomst en welke levenslessen men wil meegeven aan anderen. Hierbij is er aandacht voor keuzemogelijkheden en beperkingen.

2.4 · Bijeenkomst 4. Het levensverhaal

> **Agenda bijeenkomst 4**
> 1. Rondvraag en huiswerk (10 min)
> 2. Uitleg: Levensverhaal en zingeving (II) (10 min)
> 3. Huiswerk nabespreken van bijeenkomst 3 en 4 (85 min)
> 4. Afsluitende oefening (10 min)
> 5. Afsluiting (5 min)

2.4.2 Rondvraag (10 min)

Korte rondvraag. Bespreek het huiswerk niet inhoudelijk, maar vraag wel hoe het is gegaan.

2.4.3 Uitleg: Levensverhaal en zingeving (II) (10 min)

Doel: deelnemers kunnen vanuit verschillende perspectieven naar hun levensverhaal kijken. Dit is voor een deel herhaling van de vorige bijeenkomst. Vandaag is er extra aandacht voor hoe een deelnemer zelf is omgegaan met zijn geschiedenis en hoe hij die wil gebruiken voor de toekomst. De therapeut geeft de volgende uitleg kort in eigen woorden weer.

'Ook deze week staat het levensverhaal centraal. Dat is een van de mogelijke bronnen van zingeving. Deze bron raakt soms ondergesneeuwd wanneer mensen een heftige levenservaring hebben meegemaakt. Het kan dan soms lijken alsof het levensverhaal in tweeën gesplitst is: een leven voor en een leven na kanker. Vorige week ging het over het levensverhaal, zoals dat bepaald is door de omstandigheden. Vandaag gaat het ook over *het levensverhaal dat door uzelf gemaakt/gekozen/bereikt is*. Bijvoorbeeld uw kinderen, werk, persoonlijke ontwikkeling, veranderde inzichten, zorgen voor familie, etc.

Werkboek

Uitleg: Levensverhaal en zingeving (II)
"Het levensverhaal uit het verleden ligt vast, maar men kan wel proberen te accepteren hoe het geweest is. Het levensverhaal loopt echter verder, *nu* en *in de toekomst*. Het staat continu open voor mogelijkheden tot groei en vernieuwing. Het heden is dynamisch en veranderbaar. Het heden biedt betekenisvolle rollen, activiteiten en prestaties die het leven de moeite waard maken. Het is in beweging, bijvoorbeeld de rol die u heeft als ouder, of de functie die u heeft in uw werk. Het leven dat u nu leeft, creëert herinneringen voor de toekomst. Zingevingsvragen die op kunnen komen zijn dan: wat hoopt u door te geven aan anderen? Hoe wilt u aan het grotere geheel bijdragen? Door stil te staan bij hoe u keuzes maakt, kunt u dat steeds beter leren.
Het verleden kan niet veranderd worden, maar in het heden en de toekomst zijn er veel mogelijkheden. 'Verander wat je wilt veranderen, accepteer wat je niet kunt veranderen.' Vandaag is er aandacht voor *een rode draad* in uw leven tussen verleden, heden en toekomst. Daar gaat u in deze bijeenkomst naar op zoek."

2.4.4 Huiswerk bespreken (85 min)

Uitgebreide nabespreking van het huiswerk dat voor deze en de vorige bijeenkomst is gemaakt. De deelnemers vertellen hun levensverhaal, eventueel aan de hand van een voorwerp dat zij hebben meegenomen, naar aanleiding van de vragen uit deze huiswerkopdrachten. Benadruk dat vanwege de beperkte tijd het onmogelijk is om het hele levensverhaal in de groep te bespreken. De deelnemer heeft het huiswerk in eerste instantie voor zichzelf gemaakt.

De volgende vragen hoeven niet letterlijk gesteld te worden, maar dienen wel aan bod te komen:
- Als u terugkijkt op uw leven en opvoeding, wat zijn dan de belangrijkste herinneringen, relaties, gewoonten en gebeurtenissen uit het verleden die het meest bepalend zijn geweest voor de persoon die u nu bent? Hoe bent u daar zelf mee omgegaan? Wat zijn zinvolle activiteiten, rollen, of prestaties uit het verleden waar u trots op bent?
- Terugkijkend op wat er besproken is: welke levenslessen zou u hiervan willen (blijven) gebruiken? Wat wilt u anderen meegeven?
- Welke dromen heeft u of wat hoopt u in de toekomst daadwerkelijk te bereiken?

2.4.5 Afsluitende oefening (10 min)

Doel van deze oefening is om de belangrijkste lessen van deze bijeenkomst op te schrijven, zodat die beter kunnen worden onthouden en in het werkboek makkelijk teruggelezen kunnen worden.

De oefening wordt door de deelnemers individueel gemaakt en daarna noemt iedere deelnemer een van de drie lessen.

> **Werkboek**
>
> **Afsluitende oefening**
> "Wat zijn de drie belangrijkste ervaringen die u van vandaag en van het thema meeneemt? Bijvoorbeeld: lessen, inzicht, verrassing, boodschap."

2.4.6 Afsluiting (5 min)

- Korte samenvatting en korte vooruitblik op volgende bijeenkomst.
- Het huiswerk voor bijeenkomst 5 wordt besproken. Dit is een moeilijke opdracht. Probeer de deelnemers zoveel mogelijk te stimuleren hierbij. Achteraf wordt namelijk deze opdracht als heel zinvol ervaren.

> **Werkboek**
>
> **Huiswerk**
> 1. Vertel 'uw levensverhaal' van de vorige en deze bijeenkomst aan één of meer personen (vrienden/familie/geliefden), op een manier die u zelf prettig vindt. Bespreek waar u trots op bent en wat zinvol voor u is geweest.
> 2. Hoe heeft u het ervaren om het zo te vertellen?

2.5 Bijeenkomst 5. Omgaan met tegenslag als bron van zingeving

2.5.1 Inleiding

In deze bijeenkomst wordt besproken welke houding de deelnemer ten opzichte van zijn ziekte kan hebben. Hoe gaat de deelnemer om met tegenslagen? De vraag is of de deelnemer sinds de diagnose nog zingeving in het leven kan ervaren, ondanks eventuele beperkingen.

Doel
Deelnemers weten hoe de manier waarop men omgaat met kanker ook een gevoel van zingeving kan geven. (Vanuit de kerngedachte dat men als mens zijn houding ten opzichte van lijden en beperkingen zelf kan kiezen.)

Agenda bijeenkomst 5
1. Rondvraag en huiswerk (10 min)
2. Uitleg: Omgaan met tegenslag als bron van zingeving (10 min)
3. Oefening 1. Ervaren van grenzen (10 min)
4. Nabespreken oefening 1 (20 min)
5. Discussie over de grootste beperkingen (20 min)
6. Oefening 2. Naar de toekomst kijken (15 min)
7. Na bespreken oefening 2 (20 min)
8. Afsluitende oefening (10 min)
9. Afsluiting (5 min)

NB Dit is een volle bijeenkomst; let daarom goed op de tijd!

2.5.2 Rondvraag en huiswerk bespreken (10 min)

Korte rondvraag. Bespreek het huiswerk niet inhoudelijk, maar vraag wel hoe het was om het levensverhaal aan iemand buiten de groep te vertellen (en gehoord en gewaardeerd te worden).

2.5.3 Uitleg: Omgaan met tegenslag als bron van zingeving (10 min)

De therapeut geeft in eigen woorden kort weer wat hier beneden uitgebreid is omschreven.

Werkboek

Omgaan met tegenslag als bron van zingeving
1. Er werd eerder besproken dat er vier bronnen van zingeving zijn. Vandaag staat de bron van zingeving centraal die genoemd wordt 'omgaan met tegenslag', ook wel attitude of houding genoemd. Iedereen wordt in zijn leven met grenzen en tegenslag geconfronteerd. Er is altijd een keuze hoe men hiermee kan omgaan, ook al lijkt het soms van niet. Hoe men hiermee omgaat, kan ook een bron van zingeving zijn.

Laat men zich bijvoorbeeld uit het veld slaan of gaat men door? Voorbeelden zijn: krachtig zijn, doorzettingsvermogen en moed tonen, hoop houden, zichzelf staande houden, voor zichzelf kiezen, voor zichzelf zorgen; maar ook: toegeven dat men iets zwaar vindt, emoties tonen, hulp van anderen vragen, steun vinden bij uw partner, etc. Bijvoorbeeld: hoe kom ik een moeilijke dag door? Ondanks vermoeidheid ga ik op bezoek bij vrienden. Ik voel me somber, toch lukt het me om van een vogeltje te genieten. Kortom, het gaat om de manieren waarop men toch iets zinvols kan ervaren, ondanks de grenzen waar men mee wordt geconfronteerd.

2. Grenzen zijn vaak een belangrijk moment om levenslessen te leren. Vaak leert men zichzelf goed kennen wanneer men tegen grenzen aanloopt, zoals tijdens een crisis door kanker of een echtscheiding, ontslag, etc. Men kan hierdoor groeien: 'crisis is kans', zegt men wel eens.
Als voorbeeld kan men een wandelaar in de bergen nemen, die wil overnachten in een hut vlakbij de bergtop, maar die allerlei obstakels tegenkomt: een pad dat geblokkeerd wordt door grote stenen, een bord dat hem het verkeerde pad opstuurt, blaren op zijn voeten. Door deze grenzen moet hij keuzes maken; ruimt hij de stenen op of zoekt hij een ander pad; loopt hij terug naar een bewegwijzering of probeert hij met GPS de weg te vinden, loopt hij door of probeert hij wat aan de blaren te doen?
Als hij uiteindelijk toch zijn doel bereikt, ondanks de ervaren moeilijkheden en de emoties die erbij kwamen kijken (hij heeft onderweg nog staan schreeuwen: "Wie heeft dit bedacht?"), zal hij tevreden en trots zijn, en een ervaring rijker.

3. Temporiseren. Het is nodig om te temporiseren als men het gevoel heeft dat men teveel moet doen in te weinig tijd. Bijvoorbeeld: Ik ben te hard aan het rondrennen, én ik moet de lunch voor de kinderen nog klaarmaken, én ik moet naar mijn werk, maar ik ben ook ziek, en … en … en….
Je moet dan kiezen, zo goed mogelijk, en jezelf niet verder onder druk zetten. Jezelf wat tijd gunnen, en niet alles per se perfect willen doen. Stap voor stap en niet alles tegelijk. Soms zijn grenzen niet te overwinnen of is men totaal uitgeput; dan is het belangrijk om realistisch te zijn. In het geval van de bergwandelaar: hij schat in of hij veilig de berghut kan bereiken, en zo niet, dan probeert hij hulp in te schakelen of om te keren.

4. Omgaan met grenzen en tegenslag wil niet zeggen dat de pijn en frustratie weggepoetst wordt. Praten over zingeving is geen doekje voor het bloeden. Integendeel! Het is belangrijk om ook eerlijk te zijn naar uzelf en te zeggen dat u pijn ervaart. Er zijn dus altijd twee processen tegelijk gaande: Er zijn grenzen (en die doen pijn of roepen frustratie op), en tegelijkertijd zijn is men vrij om zelf te bedenken hoe men met die grenzen kan omgaan en zin kan ervaren. De grenzen vragen om een actief antwoord te geven. Of, in het geval van de bergwandelaar: ik heb blaren op mijn voeten en inmiddels ook blaren op mijn handen van het opruimen van de stenen, maar ik heb (alhoewel veel later dan gedacht) toch de berghut bereikt.

5. Er zijn grenzen en er is vrijheid op hetzelfde moment. Men kan slachtoffer van de situatie zijn en niets kunnen doen tegen die situatie en toch vrij zijn om de houding te bepalen. Voorbeelden: de ervaring van pijn en vermoeidheid zijn een gegeven dat niet wegpoetst kan worden, maar men kan er wel op verschillende manieren op reageren.

6. Een voorbeeld voor anderen zijn, bedoeld of onbedoeld, kan een gevoel van zin geven. Wanneer men merkt dat men door een verandering van de houding ten aanzien van een gegeven situatie veel meer kan kiezen, dan men aanvankelijk dacht, zal de omgeving deze verandering ook bij iemand opmerken.

2.5.4 Oefening 1. Ervaren van grenzen (10 min)

De oefening start met een korte gevoels- en meditatieoefening (zie ▶par. 1.5). Lees daarna vraag 1 voor en laat de deelnemers hier voor zichzelf kort over nadenken. Nodig de deelnemers vervolgens uit om de oefening af te ronden en hun ervaringen op te schrijven en antwoord te geven op beide volgende vragen.

Werkboek

Ervaren van grenzen
1. Tegen welke grote en/of kleine grenzen loopt u op dit moment aan in uw leven? Bijvoorbeeld op lichamelijk, emotioneel of relationeel gebied, etc.
2. Hoe gaat u om met deze grenzen? Lukt het u om toch door te gaan en zingeving te ervaren, ondanks deze grenzen? Geef minstens één voorbeeld van hoe u positief met grenzen omgaat. Bijvoorbeeld: doorzettingsvermogen, hoop houden, naar positieve dingen kijken, etc.

2.5.5 Nabespreken oefening (20 min)

Richt de aandacht hierbij op de keuzes die iemand zelf heeft gemaakt of zou kunnen maken.

2.5.6 Discussie over de grootste beperkingen (20 min)

"Wat ervaart u als grootste beperking?" Vaak spreken de deelnemers in bovenstaande oefening 1 al over dood en angst voor de dood. Wanneer dat in deze groep niet gebeurt, kan het thema geïntroduceerd worden in de trant van: "Vaak zijn mensen die kanker krijgen, bezig met het thema dood en angst voor de dood, ongeacht of zij een goede of minder goede prognose hebben. Hoe is dat bij u?"

2.5.7 Oefening 2. Naar de toekomst kijken (15 min)

De oefening start met een korte gevoels- en meditatieoefening (zie ▶par. 1.5). Daarin wordt op het eind de eerste vraag voorgelezen, waarbij de deelnemers dan kort stil kunnen staan. Daarna worden ze uitgenodigd de oefening af te ronden en hun ervaringen op te schrijven en antwoord te geven op beide volgende vragen.

> **Werkboek**
>
> **Naar de toekomst kijken**
> 1. Stelt u zichzelf voor aan het einde van uw leven. Wat is er voor nodig om tevreden te kunnen terugkijken? Denkt u niet alleen aan materiële zaken en carrière die u in uw leven bereikt zou willen hebben, maar ook aan relaties en uw persoonlijke ontwikkeling.
> 2. Wat betekent het vorige antwoord voor hoe u <u>nu</u> uw leven leidt? Anders gezegd: wat wilt u <u>nu</u> doen om later, aan het eind van uw leven, tevreden terug te kunnen kijken.

2.5.8 Oefening 2 nabespreken (20 min)

Vraag na hoe de deelnemers deze oefening ervaren hebben, omdat het een heel beladen oefening kan zijn. Richt je aandacht bij onderdeel 2 op de keuzes die de deelnemers hebben gemaakt.

2.5.9 Afsluitende oefening (10 min)

Doel van deze oefening is om de belangrijkste lessen van deze bijeenkomst op te schrijven, zodat die beter kunnen worden onthouden en in het werkboek makkelijk teruggelezen kunnen worden. De volgende oefening staat in het werkboek.

De oefening wordt door de deelnemers individueel gemaakt en daarna noemt iedere deelnemer één van de drie lessen.

> **Werkboek**
>
> **Afsluitende oefening**
> - "Wat zijn de drie belangrijkste ervaringen die u van vandaag en van het thema meeneemt? Bijvoorbeeld: lessen, inzicht, verrassing, boodschap."

2.5.10 Afsluiting (5 min)

- Stoom afblazen. Vraag deelnemers hoe ze het vonden om over deze onderwerpen te praten.
- Korte samenvatting en korte vooruitblik op volgende bijeenkomst.
- Het huiswerk wordt besproken. Dit huiswerk maakt de deelnemer vooral voor zichzelf, als eerste voorbereiding op de presentatie van de levenslessen in bijeenkomst 8.

> **Werkboek**
>
> **Huiswerk**
> De afgelopen weken heeft u levenslessen verzameld, kleine en grote, en deze in dit werkboek opgeschreven. U kunt gaan onderzoeken wat u concreet met deze inzichten zou kunnen gaan doen. Zet als het kan een eerste stap om er daadwerkelijk iets mee te gaan doen.

Voorbeelden
Uzelf opgeven voor die cursus die u altijd al had willen doen, afspreken met familie of oude vrienden, recepten opschrijven voor uw kinderen, een verhaal of gedicht schrijven, een schilderij maken, genieten van muziek, een poster of collage maken over uw leven, een reis boeken, dingen in een relatie uitspreken, een fotocollage maken van dierbare mensen, een feest geven, de laatste wensen opschrijven of een testament maken, levensmotto's opschrijven, investeren in uzelf door te gaan sporten of goed te gaan eten, een boek lezen, etc. Nadenken over wat u aan uzelf of uw leven wilt veranderen.

Tips
U kunt kijken wat u de belangrijkste levensles vindt, en bedenken wat u daarmee kunt doen, en misschien een eerste stap gaan zetten om het daadwerkelijk te gaan doen. Het kan ook helpen om wat u wilt doen, in kleine stappen op te delen. Daarna kunt u dan bijvoorbeeld een stappenplan bedenken en in uw agenda zetten wanneer u iets wilt gaan doen. Het kan dus op alle mogelijke manieren, maar het belangrijkste is dat het voor u goed voelt!

Bespreking in bijeenkomst 8
Tijdens de achtste bijeenkomst kunt u – op uw eigen manier – vertellen of laten zien aan de groep wat u concreet heeft gedaan met de levenslessen.

2.6 Bijeenkomst 6. Creëren, moed en verantwoordelijkheid als bron van zingeving

In deze bijeenkomst worden persoonlijke voorbeelden en herinneringen besproken die te maken hebben met het creëren van je eigen leven, ofwel uw leven vormgeven, ook als het moeilijk wordt. De deelnemers worden uitgedaagd om herinneringen op te halen over situaties waarin zij verantwoordelijkheid of moed hebben getoond en hun leven in eigen hand hebben genomen. De vraag is ook wat deelnemers altijd al hebben willen doen maar nooit gedaan hebben, en wat hen weerhoudt.

Doel
Deelnemers leren hoe creëren, moed en verantwoordelijkheid bronnen van zingeving in hun leven kunnen zijn.

Agenda bijeenkomst 6

1. Rondvraag en nabespreken huiswerk (15 min)
2. Uitleg: Creëren, moed en verantwoordelijkheid (10 min)
3. Oefening 1. Moed (20 min)
4. Nabespreken oefening (60 min)
5. Afsluitende oefening (10 min)
6. Afsluiting (5 min)

2.6.1 Rondvraag en huiswerk bespreken (15 min)

Korte rondvraag. Bespreek het huiswerk niet inhoudelijk, maar vraag wel hoe het is gegaan en of het huiswerk duidelijk genoeg is.

2.6.2 Uitleg: Creëren, moed en verantwoordelijkheid (10 min)

Leg in eigen woorden kort uit wat het thema van vandaag is.

Werkboek

Creëren, moed en verantwoordelijkheid
1. Creëren kan ook een bron van zingeving zijn. Hiermee wordt bedoeld: je leven vormgeven, ook als het moeilijk wordt. Hierbij zijn moed, toewijding en verantwoordelijkheid essentieel. Dat kan zijn uw werk, hobby, artistieke prestatie, vrijwilligerswerk, maatschappelijke betrokkenheid, etc. Creëren gaat over dingen creëren of maken op uw manier, en u niet laten dicteren door de situatie. Het leven vraagt voortdurend om creëren. De mogelijkheid om hieraan te beantwoorden, vormt de basis voor het nemen van *verantwoordelijkheid* voor het eigen leven. Creëren en verantwoordelijkheid zijn daarom onlosmakelijk met elkaar verbonden. Natuurlijk heeft men niet alles zelf in de hand. Maar het leven roept de mensen op om – binnen de grenzen van wat mogelijk is – verantwoordelijk te zijn voor zichzelf.
2. Verantwoordelijk zijn voor jezelf houdt twee dingen in: jezelf uitdagen en zelfdiscipline hebben, maar ook voor jezelf zorgen, jezelf niet overvragen en hulp accepteren of vragen. Soms is het moeilijk om de balans tussen die twee te vinden.
3. Je kunt verantwoordelijk zijn voor anderen, misschien heel concreet, zoals voor kinderen, maar je bent ook verantwoordelijk voor hoe je met andere mensen omgaat.
4. Moed houdt in dat je een moedige keuze maakt in een moeilijke situatie. Je kunt besluiten om je niet te laten ontmoedigen wanneer je grenzen ervaart. (zie vorige week). Rollo May (een bekende, Amerikaanse existentieel therapeut) zei: 'Moed is niet de afwezigheid van twijfel, maar moed is de vaardigheid om door te gaan ondanks twijfel'[1] (May 1975). Doorgaan met het leven, ondanks de onzekerheid en twijfel en ervaring van kanker die soms in het achterhoofd zit, vraagt moed. Soms wil je de moed opgeven, maar iets in jezelf kan helpen om door te gaan.
5. Toewijding betekent aandacht en energie steken in activiteiten waar je in gelooft.
6. Creëren – verantwoordelijkheid, moed en toewijding – gaat over de dingen die er voor iemand persoonlijk toe doen. In het leven van elke dag kan men iets zinvols proberen te maken, al is het iets kleins.

2.6.3 Oefening 1. Moed (20 min)

De oefening start met een korte gevoels- of meditatieoefening (zie ▶par. 1.5). Daarin wordt op het eind de eerste vraag voorgelezen, waarbij de deelnemers dan kort stil kunnen staan. Daarna worden de deelnemers uitgenodigd om de oefening af te ronden en hun ervaringen op te schrijven en antwoord te geven op beide volgende vragen.

---

1   Rollo May. The Courage to Create. New York: Norton; 1975, p. 12.

Werkboek

Oefening 1. Moed
1. "Laat een ervaring naar boven komen, waarin u verantwoordelijkheid nam voor uw eigen leven of moedig was. Door welke moeilijke situatie bent u krachtig heen gekomen?"
2. "Welke dingen zou u zou nog willen doen in uw leven? Wat houdt u tegen?"

2.6.4 Nabespreken oefening (60 min)

Ga in de nabespreking in op moed en verantwoordelijkheid

2.6.5 Afsluitende oefening (10 min)

Doel van deze oefening is om de belangrijkste lessen van deze bijeenkomst op te schrijven, zodat die beter kunnen worden onthouden en in het werkboek makkelijk teruggelezen kunnen worden

De oefening wordt door de deelnemers individueel gemaakt en daarna noemt iedere deelnemer één van de drie lessen.

Werkboek

Afsluitende oefening
- "Wat zijn de drie belangrijkste ervaringen die u van vandaag en van het thema meeneemt? Bijvoorbeeld: lessen, inzicht, verrassing, boodschap."

2.6.6 Afsluiting (5 min)

- Korte samenvatting en korte vooruitblik op volgende bijeenkomst.
- Het huiswerk voor bijeenkomst 7 wordt besproken. De tweede vraag is, net als het huiswerk uit bijeenkomst 5, een voorbereiding op bijeenkomst 8.

Werkboek

Huiswerk
De volgende keer is het thema: ervaringen als bron van zingeving:
1. "Noem drie manieren waarop u zich het meest verbonden voelt met het leven, door ervaringen zoals liefde, schoonheid (kunst, muziek, etc.), humor en uzelf vermaken. Beschrijf waarom dit voor u zo belangrijk is."
2. "Ga door met het voorbereiden van het huiswerk voor bijeenkomst 8 (zie ook het huiswerk bij de vorige bijeenkomst)."

2.7 Bijeenkomst 7. Ervaringen als bron van zingeving

In deze bijeenkomst wordt besproken hoe ervaringen (liefde, schoonheid, humor en ontspanning) het leven zinvol kunnen maken.

Doel
Deelnemers richten de aandacht op hoe waardevol het kan zijn om zich verbonden te voelen met het leven door zinvolle ervaringen, zoals liefde, schoonheid, humor en vermaak.

Agenda bijeenkomst 7

1. Rondvraag (10 min)
2. Uitleg: Ervaring en zingeving (5 min)
3. Huiswerk bespreken: verbondenheid door liefde, schoonheid en humor (30 min)
4. Uitleg zinervaring (5 min)
5. Oefening 1. Zinervaring (10 min)
6. Nabespreken oefening (45 min)
7. Afsluitende oefening (10 min)
8. Afsluiting (5 min)

2.7.1 Rondvraag (10 min)

Korte rondvraag.

2.7.2 Uitleg: Ervaring en zingeving (5 min)

Start met een toelichting. "Vandaag gaat het over *ervaring als bron van zingeving: liefde, schoonheid, humor, sporten, vermaak*. Dit is een belangrijke innerlijke bron van zingeving. Ervaring kan over grote ervaringen gaan – verliefdheid, vader/moeder worden, in extase raken bij een popconcert – maar ook genieten van vogelgeluiden in het park, lekker een krantje lezen met een kop koffie erbij, of genieten van een mooie zonsondergang.

Door middel van ervaring kan men het gevoel krijgen *'in het hier en nu te zijn'*, *'echt te leven'* en zich *'verbonden te voelen met anderen en met leven'*. Dit is een relatief passieve bron van zingeving, in tegenstelling tot bijvoorbeeld omgaan met tegenslag, en creëren die een actievere houding vragen. Ervaren gaat meer over 'zijn' dan 'doen'. Er lijkt een soort van overgave in te zitten; men moet zich overgeven aan zijn of haar ervaring, en dat vinden sommige mensen lastig.

Wanneer men opgaat in een ervaring heeft men het gevoel *eventjes boven het hier en nu uit te stijgen*. Men luistert naar mooie muziek en vergeet even alle sores en pijn van die dag."

2.7.3 Huiswerk bespreken: verbondenheid door liefde, schoonheid en humor (30 min)

"Noem drie manieren waarop u zich het meest verbonden voelt met het leven, door ervaringen zoals liefde, schoonheid (kunst, muziek, etc.), humor en uzelf vermaken. Waarom is dit voor u belangrijk?"

2.7.4 Uitleg zinervaring (5 min)

Bespreek de onderstaande uitleg over zinervaring in eigen woorden.

> **Werkboek**
>
> **Uitleg over zinervaring**
> Tot nu toe is er vaak gesproken over zingeving en ervaringen daarmee. Zingeving en ervaringen lopen vaak door elkaar heen, maar bij nadere beschouwing, ziet men dat er een verschil kan zijn tussen zingeving en zinervaring. *Zingeving* lijkt een actiever proces: men gaat zin geven. *Zinervaring* lijkt niet bewust te kunnen worden opgeroepen, maar is meer een ervaring die zich onverwacht en onbedacht voordoet. Deze ervaringen kunnen soms moeilijk onder woorden gebracht worden, maar als mensen dat weten te beschrijven, praten ze over een diepe ervaring, een gevoel van verbondenheid, een godservaring, of een gevoel van één zijn met het geheel. Een zinervaring uit zich primair in gevoelens en lichamelijke gewaarwording, zoals dat de adem even stokt, dat men een warm gevoel in het lichaam ervaart of men het gevoel krijgt dat het hart opengaat.

2.7.5 Oefening 1. Zinervaring (10 min)

De oefening start met een korte gevoels- en meditatieoefening (zie ▶ par. 1.5). Daarin wordt op het eind de eerste vraag voorgelezen, waarbij de deelnemers dan kort stil kunnen staan. Daarna worden de deelnemers uitgenodigd om de oefening af te ronden en hun ervaringen op te schrijven.

> **Werkboek**
>
> **Oefening 1. Zinervaring**
> "Laat boven komen of er een moment in uw leven was waarbij u een gevoel van één zijn met het geheel, die diepe ervaring van verbondenheid, u overkwam. Soms is dat een moment dat u voelde dat het leven een wending nam."

2.7.6 Nabespreken oefening 1 (45 min)

Besef dat deze ervaringen heel kwetsbaar kunnen zijn en dat mensen hier vaak moeilijk over kunnen en durven vertellen. Vaak zijn er geen woorden voor.

2.7.7 Afsluitende oefening (10 min)

Doel van deze oefening is om de belangrijkste lessen van deze bijeenkomst op te schrijven, zodat die beter kunnen worden onthouden en in het werkboek makkelijk teruggelezen kunnen worden.

De oefening wordt door de deelnemers individueel gemaakt en daarna noemt iedere deelnemer één van de drie lessen.

> **Werkboek**
>
> **Afsluitende oefening**
> "Wat zijn de drie belangrijkste ervaringen die u van vandaag en van het thema meeneemt? Bijvoorbeeld: lessen, inzicht, verrassing, boodschap."

2.7.8 Afsluiting (5 min)

- Korte samenvatting en korte vooruitblik op volgende bijeenkomst.
- Het huiswerk voor bijeenkomst 8 wordt besproken.

> **Werkboek**
>
> **Herhaling van het huiswerk uit bijeenkomst 5**
> "De afgelopen weken heeft u levenslessen verzameld, kleine en grote, en deze in dit werkboek opgeschreven. U kunt gaan onderzoeken wat u concreet met deze inzichten zou kunnen gaan doen. Zet als het kan een eerste stap om er daadwerkelijk iets mee te gaan doen."
>
> *Voorbeelden*
> Uzelf opgeven voor die cursus die u altijd al had willen doen, afspreken met familie of oude vrienden, recepten opschrijven voor uw kinderen, een verhaal of gedicht schrijven, een schilderij maken, genieten van muziek, een poster of collage maken over uw leven, een reis boeken, dingen in een relatie uitspreken, een fotocollage maken van dierbare mensen, een feest geven, de laatste wensen opschrijven of een testament maken, levensmotto's opschrijven, investeren in uzelf door te gaan sporten of goed te gaan eten, een boek lezen, etc. Nadenken over wat u aan uzelf of uw leven wilt veranderen.
>
> **Volgende week**
> 1. De volgende bijeenkomst kan iedereen op een eigen creatieve manier laten zien/vertellen wat hij/zij met de levenslessen wil gaan doen. Voelt u zich vrij dit helemaal op uw manier te gaan doen!
> 2. Als u dat nog niet gedaan heeft: maak voor uzelf een lijstje met prioriteiten, een planning of zet het in uw agenda, welke (andere) levenslessen u concreet wilt gaan gebruiken nadat de therapie is afgelopen.
> 3. De volgende keer is de laatste keer. Als u de komende week gevoelens of gedachten heeft over dit afscheid nemen, kunt u dat volgende week met de groep bespreken.

2.8 Bijeenkomst 8. Presentaties van levenslessen en afscheid

In de laatste bijeenkomst wordt er teruggekeken op de ervaringen van de groep tijdens de bijeenkomsten. Wat hebben de deelnemers eraan gehad? Wat is de hoop voor de toekomst van iedere individuele deelnemer?

2.8 · Bijeenkomst 8. Presentaties van levenslessen en afscheid

Doel
Afsluiten van groepsbijeenkomsten, feedback geven op hoe het is gegaan, hoop en dromen voor de toekomst benoemen.

> **Agenda bijeenkomst 8**
> 1. Rondvraag (5 min)
> 2. Uitleg (5 min)
> 3. Presentaties van levenslessen (90 min)
> 4. Evaluatie en Afsluiting (20 min)

2.8.1 Rondvraag (5 min)

Het huiswerk wordt zo dadelijk besproken. Zijn er belangrijke dingen die u van de afgelopen week wilt delen?

2.8.2 Uitleg (5 min)

- Levenslessen: "Zie de presentatie van vandaag als een tussenstap." Na de therapie kunt u ermee doorgaan."
- "Misschien komen de inzichten pas later tot bloei. Het hoeft niet meteen iets groots te zijn. Het kan ook groeien."
- "Er is ruimte in het werkboek gereserveerd om aantekeningen te maken over de levenslessen van uzelf en eventueel van de anderen."

2.8.3 Presentaties van levenslessen (90 min)

- Vraag aan iedere deelnemer wat die hier in de toekomst nog eventueel verder mee wil gaan doen.

2.8.4 Evaluatie en Afsluiting (20 min)

- Bespreek wat deelnemers van de therapie vonden, bijvoorbeeld:
  - "Wat heeft u van deze therapie geleerd? Hoe heeft u zich ontwikkeld tijdens de therapie? Begrijpt u beter hoe zingeving voor u kan werken? Hoe kunt u deze inzichten gebruiken in uw dagelijks leven?"
  - "Wat heeft u van de andere deelnemers in de groep geleerd?"
  - "Wat is uw hoop voor de toekomst?"
- Bedank de deelnemers en sluit af.

Bijlagen

Literatuur – 42

Literatuur

Bower, J. E., Meyerowitz, B. E., Desmond, K., Bernaards, C., Rowland, J. H., & Ganz, P. (2005). Perceptions of positive meaning and vulnerability following breast cancer: Predictors and outcomes among long-term breast cancer survivors. *Annals of Behavioral Medicine, 29,* 236–245.

Breitbart, W. (Red.) (2017). *Meaning-centered psychotherapy in the cancer setting: Finding meaning and hope in the face of suffering.* New York: Oxford University Press.

Breitbart, W., Rosenfeld, B., Gibson, C., Pessin, H., Poppito, S., Nelson, C., et al. (2010). Meaning-centered group psychotherapy for patients with advanced cancer: A pilot randomized controlled trial. *Psycho-oncology, 19,* 21–28.

Breitbart, W., Rosenfeld, B., Pessin, H., Applebaum, A., Kulikowski, J., & Lichtenthal, W. G. (2015). Meaning-centered group psychotherapy: An effective intervention for improving psychological well-being in patients with advanced cancer. *Journal of Clinical Oncology, 33,* 749–754.

Breitbart, W. (2002). Spirituality and meaning in supportive care: spirituality and meaning centered group psychotherapy interventions in advanced cancer. *Supportive Care in Cancer, 10,* 272–280.

Breitbart, W. S., & Poppito, S. R. (2014). *Individual meaning-centered psychotherapy for patients with advanced cancer.* Oxford: Oxford University Press.

Debats, D. L. (1999). Sources of meaning an investigation of significant commitments in life. *Journal of Humanistic Psychology, 39,* 30–57.

Frankl, V. E. (1998). *Man's search for meaning: an introduction to logotherapy.* Londen: Random House.

Frankl, V. E. (1986). *The doctor and the soul: From psychotherapy to logotherapy.* New York: Penguin Random House.

Frankl, V. E. (1969). *The will to meaning: Foundations and applications of logotherapy.* New York: Meridian/Plume.

Henoch, I., & Danielson, E. (2009). Existential concerns among patients with cancer and interventions to meet them: An integrative literature review. *Psycho-oncology, 18,* 225–236.

Hoffman, K. E., McCarthy, E. P., Recklitis, C. J., & Ng, A. K. (2009). Psychological distress in long-term survivors of adult-onset cancer results from a national survey. *Archives of Internal Medicine, 14,* 1274–1281.

Jansen, F., Uden-Kraan, C. F. van, Zwieten, V., Witte, B. I., Leemans, C. R., & Verdonck-de Leeuw, I. M. (2014). Cancer survivors' perceived need for supportive care and their attitude towards self-management and e health. *Supportive Care in Cancer, 1,* S203.

Lee, V., Cohen, S. R., Edgar, L., Laizner, A. M., & Gagnon, A. J. (2004). Clarifying "meaning" in the context of cancer research: A systematic literature review. *Palliative Supportive Care, 2,* 291–303.

Spek, N. van der, Jansen, F., Holtmaat, C. J. M., Vos, J., Breitbart, W., Uden-Kraan, C. F. van, et al. Cost-utility analysis of meaning-centered group psychotherapy for cancer survivors. *Submitted.*

Spek, N. van der, Uden-Kraan, C. F. van, Vos, J., Breitbart, W., Tollenaar, R. A. E. M., Asperen, C. J. van, et al. (2014a). Meaning-centered group psychotherapy in cancer survivors: A feasibility study. *Psycho-oncology, 23*(7), 827–831.

Spek, N. van der, Vos, J., Uden-Kraan, C. F. van, Breitbart, W., Cuijpers, P., Knipscheer-Kuipers, K., et al. (2014b). Effectiveness and cost-effectiveness of meaning-centered group psychotherapy in cancer survivors: Protocol of a randomized controlled trial. *BMC Psychiatry, 14,* 22.

Spek, N. van der, Vos, J., Uden-Kraan, C. F. van, Breitbart, W., Tollenaar, R. A. E. M., Cuijpers, P., & Verdonck-de Leeuw, I. M. (2013). Meaning making in cancer survivors: A focus group study. *PLoS One, 8*(9), e76089.

Spek, N. van der, Vos, J., Uden-Kraan, C. F. van, Breitbart, W., Holtmaat, K., Witte, B. I., Tollenaar, R. A. E. M., et al. (2017). Efficacy of meaning-centered group psychotherapy for cancer survivors: Outcomes of a randomized trial. *Psychological Medicine* [Epub ahead of print 4 april].

Tomich, P. L., & Helgeson, V. S. (2002). Five years later: A cross-sectional comparison of breast cancer survivors with healthy women. *Psycho-oncology, 11,* 154–169.

Yalom, I. D. (1980). *Existential psychotherapy. Volume 1. Basic books.* Wood Dale: The Perseus Books Group.

Zika, S., & Chamberlain, K. (1992). On the relation between meaning in life and psychological well-being. *British Journal of Psychology, 83,* 133–145.

MIX
Papier aus verantwortungsvollen Quellen
Paper from responsible sources
FSC® C105338

If you have any concerns about our products,
you can contact us on
ProductSafety@springernature.com

In case Publisher is established outside the EU,
the EU authorized representative is:
**Springer Nature Customer Service Center GmbH
Europaplatz 3, 69115 Heidelberg, Germany**

Printed by Libri Plureos GmbH
in Hamburg, Germany

MIX
Papier aus verantwortungsvollen Quellen
Paper from responsible sources
FSC® C105338

If you have any concerns about our products,
you can contact us on
ProductSafety@springernature.com

In case Publisher is established outside the EU,
the EU authorized representative is:
**Springer Nature Customer Service Center GmbH
Europaplatz 3, 69115 Heidelberg, Germany**

Printed by Libri Plureos GmbH
in Hamburg, Germany